新时代高素质人才融媒体规划教材

能说会道

——语言表达能力训练

主　编　周　劼
副主编　谢增伦

重庆大学出版社

图书在版编目（CIP）数据

能说会道：语言表达能力训练 / 周劼主编. -- 重庆：重庆大学出版社，2021.4（2022.6重印）

ISBN 978-7-5689- 2637-9

Ⅰ.①能… Ⅱ.①周… Ⅲ.①幼教人员—汉语—口语—高等学校—教材 Ⅳ.①H193.2

中国版本图书馆CIP数据核字（2021）第061245号

能说会道——语言表达能力训练

NENGSHUOHUIDAO——YUYAN BIAODA NENGLI XUNLIAN

主 编 周 劼

副主编 谢增伦

策划编辑：唐启秀

责任编辑：关德强　　版式设计：唐启秀

责任校对：王 倩　　责任印制：张 策

*

重庆大学出版社出版发行

出版人：饶帮华

社址：重庆市沙坪坝区大学城西路21号

邮编：401331

电话：（023）88617190　88617185（中小学）

传真：（023）88617186　88617166

网址：http://www.cqup.com.cn

邮箱：fxk@cqup.com.cn（营销中心）

全国新华书店经销

重庆市正前方彩色印刷有限公司印刷

*

开本：720mm × 1020mm　1/16　印张：13　字数：181千

2021年4月第1版　　2022年6月第2次印刷

ISBN 978-7-5689-2637-9　定价：38.00元

前言

会说话的人，是时代的宠儿；

会说话的人，有风采、有个性、有魅力；

会说话的人，如鱼得水、游刃有余。

早在20世纪40年代，“会说话、金钱、原子弹”就被看作生存和发展的三大法宝；到了20世纪60年代，三大法宝变成了“会说话、金钱、电脑”，“会说话”一直是三大法宝之首！

对于说话能力的培养，世界各国都非常重视，各级各类学校都重视开设口语训练的相关课程。

我国中小学，语言表达教学是依托语文学科进行的。虽然有一定的成效，但是也有课时得不到保障，训练内容、训练方式老套等弊病。

在职业院校，虽然各专业和语文课程对学生的口语表达、沟通交流的能力提出了具体要求，口语训练也开始得到重视和有课时的保证，但相应的教材建设滞后。市面上的教材往往倾向于普通话考级的应试训练，而对口语表达、沟通交流的语言能力的重视和训练不足。

为提高职业院校学生的口语表达、沟通交流的能力，增强其未来在职场的竞争力，我们结合职业院校各专业对语言表达能力的具体要求，编写了这本职业院校学生普遍适用的教材《能说会道——语言表达能力训练》。本书旨在帮助完成了普通话基础训练、具备一定的普通话水平的学生，掌握科学发声及语言表达的基本技巧，激发和培养对语言艺术的兴趣，提高自我表达能力，学会运用口语表达技巧演绎文学作品，能侃侃而谈，准确表达自己的所思所想，成为一个会说话的人，在生活及职场中，成为受欢迎的人。

本书围绕职业院校学生的学习与生活、求职与就业等实际需求，内容安排由浅入深、循序渐进，力求理论讲解和能力训练与认知能力相吻合；注重趣味性，结构新颖，图文并茂，并配套丰富的音视频学习资源；注重实用性，以语言活动引领课堂训练，提升语言表达能力。本书的特色主要如下。

一、理论精讲

理论精讲，重实践。根据职业院校学生的语言表达能力现状，本书通过“知识积累”板块，对语言表达相关知识进行点睛式的讲解，简洁、易懂，避免了大量枯燥的理论学习。通过“能力提升”和“作品提示与指导”板块，老师可以对学生进行大量的实践训练和示范指导，使学生迅速掌握语言表达、沟通交流的基本技能。

二、活动引领

活动设计以学生为主体，重视学生的课堂参与，难度梯级上升，符合学生语言表达能力的形成规律。活动结合生活及职场情景，融入思政内容，实现活动育人。教学以活动引领，边讲边练，有极强的实用性和可操作性，不仅为学生提供了学习语言表达的实用性训练内容，而且为教师教学提供了良好的教学活动素材和操作流程，减轻了部分教学压力。

三、趣味性强

本书运用大量的图示、插图和配套的音视频及案例资源，不仅增强了学生对知识点的理解和教材的趣味性，还激发了学生对本书学习的极大兴趣。“能力提升”板块，活动形式多样，趣味性强。课堂教学不同于传统的讲授型教学模式，能有效点燃学生的学习激情，提高课堂趣味性。充满趣味的语言训练能大幅提高学生的语言表达能力。

本书紧密结合职业教育的特点，在体例设计上克服了口语教学长期存在的“重理论、轻演练”的弊端，以提高语言表达、沟通交流能力训练为目的，把教学内容与专业实践相结合，把学与练紧密结合。为此，本书设计了“导语”“学习目标”“感知体验”“知识积累”“能力提升”“知识拓展”“点睛之语”等栏目，力求通过新颖的体例，以生动形象的案例、贴近生活与职场情景的活动演练，引导学生思考、分析、归纳语言表达能力的规律与技巧。本书编写坚持理论与实践相结合，重视学生的课堂参与，在课堂上实现“做中学”，真正实现学生综合素质和职业能力的提升。

本书适合职业院校学生使用，也可以作为语言表达能力类培训教材。

参与本书编写的是教研专家和教学一线的语言教学骨干教师。周劼担任主编，谢增伦担任副主编。编写分工为：第一章、第二章、第三章第三节由周劼编写；第三章第一、二节和第六章由谢增伦编写；第四章由何静、周劼编写；第五章由吴熙彦编写。

鉴于编者的水平，疏漏、不当之处难免，敬请各位在使用过程中，提出宝贵意见，以便本书再版时修订。本书在编写过程中参考、引用和借鉴了一些读物及资料，从中吸取了很多有益的学术成果，在此谨向相关的作者、出版者致以诚挚的谢意。部分资料的选用，由于时间和条件的关系，未能及时与作者联系，如有疑问，请尽快与我们联系。谢谢！

本书在编写过程中，得到了许多作者的支持，在此，我们表示衷心的感谢。但是，有些引文、资料的作者我们无法取得联系，敬请各位有著作权的作者联系本书作者，以便支付稿酬。

编 者

目录

第一章 让你的声音更好听

有声语言是人们常用的表达方式。好听的声音就好比绘画中的色彩，能让你的表达更加清晰、生动。每个人都有自己独特的声音，有的低沉、有的纤细、有的高亢、有的浑厚，但怎样才能获得清晰、响亮的声音呢？了解发音常识和学习发音技巧后，相信你就会拥有调整、控制自己声音的能力。

普通话是我们的共同语，也是用于我们各民族之间交流的通用有声语言。因此，纠正方言语音，会让你的表达更清晰。

让我们一起走进声音的世界，一起探寻声音的奥秘。

第一节 声音是怎么发出来的

学习目标

1. 了解发音原理和护嗓的方法。
2. 养成良好的用嗓习惯。
3. 发现并感受声音的美。

感知体验

1. 请尝试用耳语和自然的声音交替读下列语句，说说有什么不一样。

你是谁呀？

我是自信的中职生。

2. 请收集、聆听不同嗓音的语音片段，感知不同的声音特质。

知识积累

一、声音是怎么发出来的

人的发音系统主要包括呼吸系统（见图 1–1）、声源系统（见图 1–2）、成音系统（见图 1–3）。

呼吸系统包括肺和气管，是发音的动力部位；声源系统主要指声带，它控制着声音的高低；成音系统包括唇、舌、齿各个发音部位，直接影响发音的清晰度。

完整的发音过程就是：吸气——呼出气流冲击声带——声带振动——发音。因此，发音的重要器官就是声带，两条声带在气流的冲击下相互碰撞振动，就发出了声音。

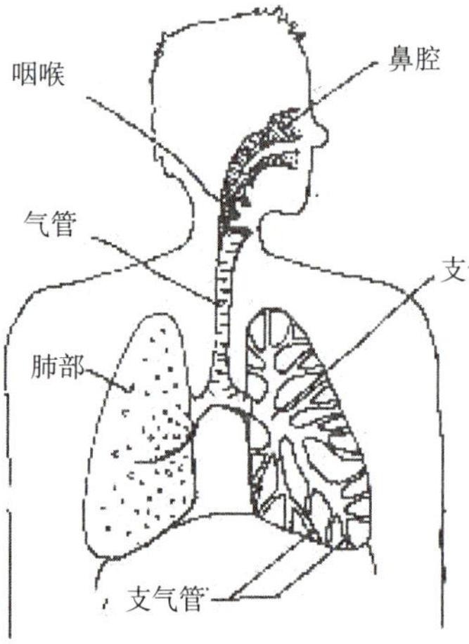

图 1–1　呼吸系统

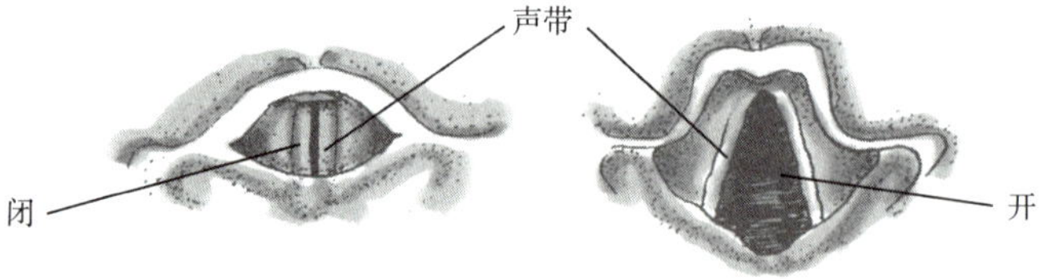

图 1–2　声源系统

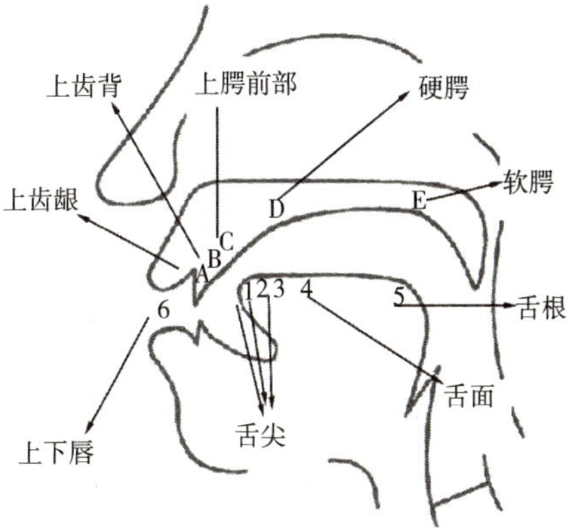

图 1-3　成音系统

二、护嗓小妙招

生活中，大家很少关注自己的声带情况，如果没有养成良好的说话习惯，我们的声带就会长期处于疲劳状态，久而久之就会出现声带充血、声带小结、声带息肉、声带肥厚、声带水肿等疾病，从而严重影响我们正常的生活和工作。

因此，我们一定要养成良好的说话习惯，用健康的有声语言进行表达、交流。让我们一起来看看以下的护嗓方法。

（1）不使用过大、过强的声音交流，养成良好的发声习惯。

（2）避免长时间用嗓，不过度用嗓。

（3）健康饮食，尽量少喝酒、抽烟，少吃辛辣食品以及少喝冰凉饮品等。

（4）加强体育锻炼，预防感冒。坚持室外活动，以增强肌体对疾病的防御能力，避免咽炎、喉炎的发生。

（5）养成多喝水的习惯，每天 600~800 毫升。日常可以用少许的菊花、金银花、麦冬、甘草、胖大海等泡水喝。

（6）感冒后，特别是咳嗽较厉害时，应尽量忍住不咳，因为剧烈咳嗽会振动声带，让声带发炎，甚至充血，从而导致失声，可用张开嘴吸气的方法来减缓咳嗽症状。

（7）发现咽喉疼痛或说话声音嘶哑时，要尽量小声说话，严重时应噤声。

三、嗓音疾病的表现

当我们不能用自然发音来进行交流或咽部有明显的不适情况时，就应该引起高度重视，如果有下列情况，请及时到医院就诊。

（1）嗓子经常发干、发痒、干燥或有烧灼感、异物感。

（2）说话非常吃力，必须用力说才能扩大音量。

（3）发音时声音明显沙哑。

能力提升

【活动 1.1】 了解我的嗓音情况

活动要求：

对问卷中的内容进行单项选择后评价。

活动内容：

1. 我知道声音是怎么发出来的（知道、不知道）。
2. 我说话时嗓子感觉很（轻松、费力、疼痛）。
3. 我经常用（较大、适宜）的音量说话（是、不是）。
4. 我的嗓音很（明亮、浑厚、沙哑、柔细）。
5. 别人说我的声音（清晰、不清晰、很小）。
6. 我对自己的嗓音状况（满意、不满意）。
7. 我知道嗓音保护常识（知道、不知道）。
8. 是否能发出清晰的声音对我今后工作的影响（大、不大）。

请评价你的声音：____

____

【活动 1.2】　单音节发音

活动要求：

请尝试用自然的声音读下列字音，每一口气读三个音，每一字音稍延长，感受发音过程（吸气——口型、舌位变化——发音）。

活动内容：

1. 阿——衣——乌——
2. 拉——他——巴——
3. 规——街——约——
4. 金——三——村——
5. 巴——拔——把——爸——
6. 加——夹——假——架——

【活动 1.3】　多音节发音

活动要求：

请尝试用自然的声音读下列字音，每一口气读一组，见“——”每一字音稍延长，感受发音过程（吸气——口型、舌位变化——发音）。

活动内容：

1. 春天——开花——
2. 花红——柳绿——
3. 满园——春色——
4. 姹紫——嫣红——
5. 精神抖擞——万物复苏
6. 意气风发——信心百倍

【活动 1.4】 音高练习

活动要求：

读下列语句，第一遍用最低的声音读，第二遍稍高一些，第三遍再高一些，依次类推，直至最高音。说说自己的发音感受。

活动内容：

1. 奋斗的青春最美丽。

2. 我相信我有学好语言的能力。

3. 语言能力不是天生的，是可以通过后天训练获得的。

【活动 1.5】 我喜欢他（她）的声音

活动要求：

请收集 1~2 段（30~60 秒）你喜欢的人声，与同学分享你喜欢的理由。

活动流程：

1. 播放收集的声音片段。

2. 分享喜欢的理由。

3. 教师小结。

点睛之语

在日常的交流中学会用自然的声音状态发音，养成健康生活和良好的用嗓习惯，关注自己的用嗓情况，及时纠正不好的用嗓习惯，让自己拥有健康的嗓音。

第二节　好听的声音哪里来

学习目标

1. 了解科学用嗓的方法。
2. 能运用气息辅助发音。
3. 感受自己声音的魅力。

感知体验

1. 请完整朗读以下语段，并记录需要的吸气次数。

世界上万事万物都永远在运动、变化、发展，语言也是这样。

语言的变化，短时间内不容易觉察，日子长了就显出来了。比如宋朝的朱熹，他曾经给《论语》做过注解，可是假如当孔子正在跟颜回、子路谈话的时候，朱熹闯了进去，不管他们在讲什么，朱熹是一句也听不懂的。不光是古代的话后世的人听不懂，同一种语言在不同的地方经历着不同的变化，久而久之也会出现这个地方的人听不懂那个地方的话的情况，最终形成许多方言。

古代人说的话是无法听见的了，幸而留传下来一些古代的文字。文字虽然不是语言的如实记录，但是它一定是以语言做基础的，通过这些我们可以对古代语言的演变获得一定的认识。为了具体说明古代和现代汉语的差别，最好拿一段古代作品来看看。

——《语言的演变》吕叔湘

2. 请聆听表演艺术家、著名主持人朗读的作品，说说感受。

3. 请尝试在卫生间或空房子里歌唱，听一听声音，并比较其与在其他空间的效果有什么不同。

知识积累

一、巧用气息来发音

一般来说，人们发音时的呼吸过程是：吸气——呼气（发音）——吸气——呼气（发音）……也就是在发音的同时就在呼气，因此，好的声音离不开好的气息支持。因此，古人云："练声先练气。"可见气息的重要性。

怎么样才能延长呼气时间，能持续地、均匀地、有节制地控制自己的呼气能力？让我们来学习一下呼吸的技巧。

（1）选择正确的站姿或坐姿。双脚呈"丁"字状或稍分开站稳，重心稍靠前，落在双脚上，如是坐姿，则坐在凳子的 1/3 处。

（2）身姿挺拔，两眼平视前方，两肩放松，挺胸收腹，身体微微向前倾，双手自然下垂。

（3）深吸缓呼。心情愉悦得像闻花香一样，两肋打开做深吸气，感觉腰部有膨胀感，然后缓慢呼气。注意吸气时不要吸得太满，避免耸肩，呼气时，均匀、缓慢地呼出。

二、美化声音找共鸣

在生活中，我们一般用自然的发音状态交流就可以了，但在一些特殊环境下，如在嘈杂的环境、在距离远的环境、在倾听对象较多的环境，用自然声音状态进行交流就不行了。因此，我们就需要学习科学的发音技巧。

根据声音是物体振动产生的这一原理，实验后我们知道，当在空房子里用正常的状态发声时，我们的声音会变得更加洪亮。这是因为我们呼出的气流振动声带形成的声波与密闭空间里的空气发生振动，从而增强了声音效果，这种现象就叫共鸣。

人体的头腔、口腔、鼻腔、胸腔等组成了一个天然的共鸣腔体，当声带振动时，如能把气流送到各个腔体，就能产生共振，起到提高发声效率、美化声音的作用，使我们的声音变得更洪亮、圆润、有穿透力。在语言交流中，我们用得最多的是口腔共鸣。

让我们来学习一下共鸣的技巧。

（1）选择正确的站姿和坐姿。精神饱满，自然吸气。

（2）口腔及牙槽自然打开，嘴角上抬，笑肌提起来，下颌自然放下，口腔有一定的控制力。

（3）双唇轻闭，大牙打开，吸一口气，发“m——”，直至气用完。发音时，感觉把气息聚集成一条声束，打到硬腭（口腔顶部）上，甚至眉心处，使声音明亮、圆润，发音省力。感受口腔、鼻腔、眉心的振动。

能力提升

【活动 1.6】　气息训练

活动要求：

1. 选择正确的站姿或坐姿。

2. 在教师的指令下，根据以下每条练习的具体要求进行练习。

3. 注意吸气时不抬肩、不扩展腹腔。

4. 感受气息的运动。

活动内容：

1. 快吸气——缓慢、均匀地呼气。做 5~10 次。

2. 快吸气——保持（2~5 秒，根据能力确定）——缓慢、均匀地呼气。做 5~10 次。

3. 不振动声带，前面四音发音短促，最后一音延长：

“si、si、si、si、si—”。做 5~10 次。

4. 根据吸气提示（V）数节奏。先分三段练习后再合起来练习。

一二三四 V 五六七八 V 二二三四 V 五六七八 V，

三二三四V五六七八V四二三四V五六交换。

一二三四V五六七八V二二三四V五六七八V，
三二三四五六七八V 四二三四五六停止。

一二三四五六七八V二二三四五六七八V，
三二三四五六七八V 四二三四五六交换。

5.用响亮、有节奏的声音数数。

（1）深吸一口气，匀速数数：“1、2、3、4、5、6、7、8……”直至气用完。

（2）深吸一口气，快速数数：“1、2、3、4、5、6、7、8……”直至气用完。

【活动 1.7】 呼吸提升训练

活动要求：

1.选择正确的站姿或坐姿。

2.注意吸气时不抬肩、不扩展腹腔。呼吸自如，气息控制好，不憋气。

3.吐字清晰、流畅。

4.先根据换气提示（V）练习，再根据自己的呼吸状况找换气点，当具备一定的控制能力时，逐渐减少换气次数，争取能一口气说出更多的内容。

活动内容：

数 枣

出东门，过大桥，大桥底下一树枣儿，V
拿着杆子去打枣儿，青的多，红的少。V
一个枣儿，两个枣儿，三个枣儿，四个枣儿，五个枣儿，
六个枣儿，七个枣儿，八个枣儿，九个枣儿，十个枣儿；V

十个枣儿，九个枣儿，八个枣儿，七个枣儿，六个枣儿，
五个枣儿，四个枣儿，三个枣儿，两个枣儿，一个枣儿；V
这是一个绕口令，一口气数完才算好。

满天星

天上看，满天星，地下看，有个坑，V
坑里看，有盘冰，坑外长着一老松，V
松上落着一只鹰，鹰下坐着一老僧，V
僧前点着一盏灯，灯前搁着一部经，V
墙上钉着一根钉，钉上挂着一张弓。V
说刮风，就刮风，刮得男女老少难把眼睛睁，V
刮散了天上的星，刮平了地下的坑，V
刮化了坑里的冰，刮倒了坑外的松，V
刮飞了松上的鹰，刮走了鹰下的僧，V
刮灭了僧前的灯，刮乱了灯前的经，V
刮掉了墙上的钉，刮翻了钉上的弓。V

【活动 1.8】　点菜高手大比拼

活动要求：

1. 模拟餐厅服务员，给客人点菜。

2. 普通话语音清晰、流畅，音量适中。

3. 以“谢谢各位光临本餐厅，我们的菜品应有尽有”开头，后面自选任何一段菜品开始报，时间 1 分钟。1 分钟之内报出菜品最多者获胜。

4. 比赛规则建议：全班分成 3~6 个小组，5~8 人为一小组，其中一人为点菜员，小组成员轮流做点菜员。每组选出最佳选手一名。

活动内容：

报菜名

谢谢各位光临本餐厅，我们的菜品应有尽有：

有蒸羊羔、蒸熊掌、蒸鹿尾儿、烧花鸭、烧雏鸡、烧子鹅、卤猪、卤鸭、酱鸡、腊肉、松花小肚儿、晾肉、香肠儿、什锦苏盘、熏鸡白肚儿、清蒸八宝猪、江米酿鸭子、罐儿野鸡、罐儿鹌鹑、卤什件儿、卤子鹅、山鸡、兔脯、菜蟒、银鱼、清蒸哈什蚂、烩鸭丝、烩鸭腰、烩鸭条、清拌鸭丝、黄心管儿、焖白鳝、焖黄鳝、豆豉鲇鱼、锅烧鲤鱼、烀烂甲鱼、抓炒鲤鱼、抓炒对儿虾、软炸里脊、软炸鸡、什锦套肠儿、卤煮寒鸦儿、麻酥油卷儿、熘鲜蘑、熘鱼脯、熘鱼肚、熘鱼片儿、醋熘肉片儿、烩三鲜、烩白蘑、烩鸽子蛋、炒银丝、烩鳗鱼、炒白虾、炝青蛤、炒面鱼、炒竹笋、芙蓉燕菜、炒虾仁儿、烩虾仁儿、烩腰花儿、烩海参、炒蹄筋儿、锅烧海参、锅烧白菜、炸木耳、炒肝尖儿、桂花翅子、清蒸翅子、炸飞禽、炸汁儿、炸排骨、清蒸江瑶柱、糖熘芡仁米、拌鸡丝、拌肚丝、什锦豆腐、什锦丁儿、糟鸭、糟熘鱼片儿、熘蟹肉、炒蟹肉、烩蟹肉、清拌蟹肉、蒸南瓜、酿倭瓜、炒丝瓜、酿冬瓜、烟鸭掌儿、焖鸭掌儿、焖笋、炝茭白、茄子晒卤肉、鸭羹、蟹肉羹、鸡血汤、三鲜木樨汤、红丸子、白丸子、南煎丸子、四喜丸子、三鲜丸子、氽丸子、鲜虾丸子、鱼脯丸子、饹炸丸子、豆腐丸子、樱桃肉、马牙肉、米粉肉、一品肉、栗子肉、坛子肉、红焖肉、黄焖肉、酱豆腐肉、晒炉肉、炖肉、黏糊肉、烀肉、扣肉、松肉、罐儿肉、烧肉、大肉、烤肉、白肉、红肘子、白肘子、熏肘子、水晶肘子、蜜蜡肘子、锅烧肘子、扒肘条、炖羊肉、酱羊肉、烧羊肉、烤羊肉、清羔羊肉、五香羊肉、氽三样儿、爆三样儿、炸卷果儿、烩散丹、烩酸燕儿、烩银丝、烩白杂碎、氽节子、烩节子、炸绣球、三鲜鱼翅、栗子鸡、氽鲤鱼、酱汁鲫鱼、活钻鲤鱼、板鸭、筒子鸡、烩脐肚、烩南荠、爆肚仁儿、盐水肘花儿、锅烧猪蹄儿、拌稂子、炖吊子、烧肝尖儿、烧肥肠儿、烧心、烧肺、烧紫盖儿、烧连贴、烧宝盖儿、油炸肺、酱瓜丝儿、山鸡丁儿、拌海蜇、龙须菜、炝冬笋、玉兰片、烧鸳鸯、烧鱼头、烧槟子、烧百合、炸豆腐、炸面筋、炸软巾、糖熘饹儿、拔丝山药、糖焖莲子、酿山药、杏仁儿酪、小炒螃蟹、氽大甲、炒荤素儿、什锦葛仙米、鳎目鱼、八代鱼、海鲫鱼、黄花鱼、鲥鱼、带鱼、扒海参、扒燕窝、扒鸡腿儿、扒鸡块儿、扒肉、扒面筋、扒三样儿、油泼肉、酱泼肉、炒虾黄、熘蟹黄、炒子蟹、炸子蟹、佛手海参、炸烹儿、炒芡子米、奶汤、翅子汤、三丝汤、熏斑鸠、卤斑鸠、海白米、烩腰丁儿、火烧茨菰、炸鹿尾儿、焖鱼头、拌皮渣儿、氽肥肠儿、炸紫盖儿、鸡丝豆苗、十二台菜、汤羊、鹿肉、驼峰、鹿大晗、插根儿、炸花件儿、清拌粉皮儿、炝莴笋、烹芽韭、木樨菜、烹丁香、烹大肉、烹白肉、麻辣野鸡、烩酸蕾、熘脊髓、咸肉丝儿、白肉丝儿、荸荠一品锅、素炝春不老、清焖莲子、酸黄菜、烧萝卜、脂油雪花儿菜、烩银耳、炒银枝儿、八宝榛子酱、黄鱼锅子、白菜锅子、什锦锅子、汤圆锅子、菊花锅子、杂烩锅子、煮饽饽锅子、肉丁辣酱、炒肉丝、炒肉片儿、烩酸菜、烩白菜、烩豌豆、焖扁豆、氽毛豆、炒豇豆，外加腌苤蓝丝儿。

您需要点哪几样呢?

活动流程:

1.教师指导熟悉本作品。

2.分组练习，小组长组织小组比赛，推选出最佳选手一名。

3.教师组织各组最佳选手进行全班决赛。

【活动 1.9】　共鸣基本练习

活动要求:

1.选择正确的站姿或坐姿。

2.颈部、胸部放松，吸气不要过多、过满。

3.一词一吸，发音时口腔提起，体会打开口腔。

活动内容：

迁——　乌——　达——　雷——　穷——

孩——　楼——　交——　旁——　赏——

沙发　权利　下雨　比赛　重庆

能够　长江　船头　苍茫　生产

斗志昂扬　目不转睛　乘风破浪　刻舟求剑　风雨同舟

光明磊落　欢声笑语　顽强拼搏　勇往直前　四面八方

【活动 1.10】　报名单

活动要求：

1. 准备全班同学的名单一份，模拟新闻播音员播报召开会议的人员名单。

2. 普通话语音标准，读准每一个名字。

3. 声音清晰、响亮、集中。

4. 名字与名字之间稍做停顿，有一定节奏。

5. 也可以自己丰富名单内容。

如：现在播送 ×× 学校第 × 届学生会干部竞选名单：张 ××、李 ××、罗 ×、赵 ××、秦 ××、胡 ×、周 ××、袁 ××、周 ××、王 ××、黄 ×、曾 ××、肖 ×……

活动流程：

1. 熟悉名单内容。

2. 教师随机请同学播报 10~15 位同学的名单。

3. 教师指导发音中的问题。

点睛之语

运用气息、共鸣的发声也许不是短期就能掌握的技能，而是需要在长期的发音实践中仔细琢磨、尝试而习得的。平缓的语速、放松的状态会让你养成一个说话的好习惯。运用“深吸扩胸找眉心、开口往上抛声束”的方法，让气息、共鸣腔体一起作用，改善音色与音量。

第三节　普通话字音发音技巧

学习目标

1. 了解字音发音技巧及难点声母、韵母的发音要领。
2. 能运用发音技巧读准字音。
3. 感受普通话语音的音韵美。

感知体验

1. 请朗读以下语段，勾画出其中翘舌音、鼻音、后鼻韵的字音。

普通话是以北方话为基础方言，以典范的现代白话文著作为语法规范的现代汉民族共同语。

我国宪法总纲第十九条明确规定：“国家推广全国通用的普通话。”2001 年 1 月 1 日起施行的《中华人民共和国国家通用语言文字法》明确了普通话作为国家通用语言的地位。普通话作为联合国工作语言之一，已成为中外文化交流的重要桥梁和外国人学习中文的首选语言。

2. 请扫描二维码听音频，找出语段中翘舌音、鼻音、后鼻韵的字音，说说与自己发音的区别。

《一个美丽的故事》

知识积累

一、字音清晰有技巧

虽然有些人的声音很好听，但如果吐字含糊不清，那就会使语言交流受到影响。我国的传统说唱艺术就非常重视字音的清晰，有“千斤念白四两唱”的说法。可见，字音清晰在语言的表意上非常重要。

发音的过程一般可以分为：准备——发音——结束。发一个字音一般可分为字头、字腹、字尾三部分。字头一般是指一个音节的声母部分；字腹一般是指一个音节的韵母中的主要元音；字尾一般是指一个音节中的最后一个韵母。

根据一个音节中实际的发音来看，最响亮的是元音，也就是字腹部分，它是音节中唯一不可缺的部分，有时候字头和字尾会缺失。如：“阿”（a）就只有一个元音。因此，一个字的发音形态基本呈枣核状（见图 1–4）。

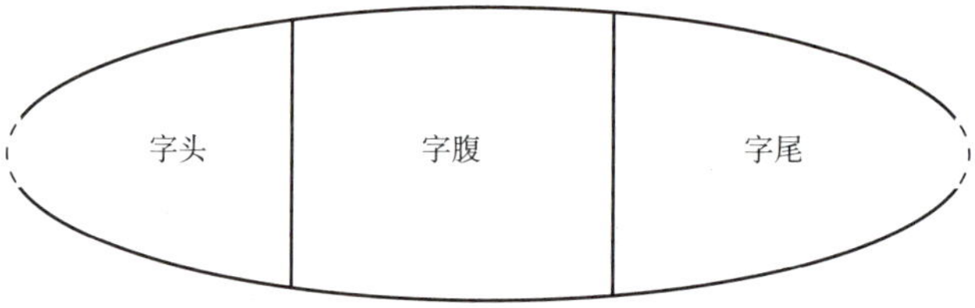

图 1–4　字的发音形态

字音的发音技巧如下：

（1）咬准字头。字头是字音的着力点，发音时找准声母的发音部位及韵头的唇型，发音轻快而有弹力。

（2）发响字腹。字腹是字音的中心，一定要发得响亮，即适当地扩大口腔。

（3）收好字尾。字尾是字音的结束部分，一定要收好。口型逐渐缩小、放松，气断声息，干净利落。没有韵尾的字音，靠减弱音量来收韵尾。

二、普通话难点声母纠偏

普通话声母的发音主要与舌头在口腔中的位置、状态有关。普通话语音中的翘舌音、鼻音是南方人发音的难点，有以下几种。

1. 翘舌音

发音前，舌尖轻轻接触上牙齿后背；发音时，舌尖微微离开，气流从缝隙中冲出，发出声音。声音厚实、圆润。

2. 鼻音

发音前，舌面前部轻轻贴住上齿背后和口腔上部；发音时，舌面微微离开，气流从鼻腔中冲出，发出声音。声音中有明显的鼻音。

3. 舌面音

j、q、x之所以称为舌面音，是因为发这三个音前舌面中部与口腔上部接触，发音时舌面离开下降，一定要避免舌尖与牙齿背接触。

三、普通话难点韵母纠偏

韵母的发音主要与口型有关，口型的变化影响着韵母的发音效果。难点的韵母发音有以下几种。

1.ou 韵

ou 韵的口型是由 o 向 u 收小而发响。发音结束一定要保持 u 韵的口型状态，而不能让口型松散。如：口、抽、受、走等。

2.ong 韵改 eng

西南方言中一些应该发 eng 韵的音都发成 ong 韵，因此要特别区分记忆。ong 韵的发音口型为圆形，eng 韵的发音时呈微笑状，嘴角咧开。如：梦、丰、碰、萌、风等。

3. ing 韵

后鼻韵（ng）的发音是打开口腔，舌头下降，让气流从鼻腔中发出。

在发 ing 韵时，口腔不能开得太大，应尽量将气息送到鼻尖，有哼鸣感。如：行、评、命、清、静等。

能力提升

【活动 1.11】 难点字音练习

活动要求：

1. 为下列字词中的声母或韵母标注记号。

2. 根据发音要领发音，读准字词。

活动内容：

1. 声母

至（ ）	能（ ）	吃（ ）	节（ ）	拿（ ）
水（ ）	陈（ ）	努（ ）	加（ ）	审（ ）
男（ ）	浓（ ）	宅（ ）	项（ ）	耐（ ）
及（ ）	市（ ）	巧（ ）	拟（ ）	吸（ ）
其（ ）	扎（ ）	女（ ）	些（ ）	内（ ）
传（ ）	求（ ）	件（ ）	追（ ）	牛（ ）

2. 韵母

嗡（ ）	碰（ ）	梦（ ）	封（ ）	凤（ ）
由（ ）	扣（ ）	楼（ ）	抽（ ）	欧（ ）
兴（ ）	情（ ）	鸣（ ）	醒（ ）	京（ ）
头（ ）	蹦（ ）	柔（ ）	形（ ）	鹏（ ）
疼（ ）	经（ ）	周（ ）	更（ ）	竞（ ）
明（ ）	萌（ ）	某（ ）	命（ ）	斗（ ）

【活动 1.12】 响亮的元音

活动要求：

1. 为下列汉字注音。

2. 找出每一个字音里的元音，写在括号里。

3. 发音时体会元音在字音里的作用。

4. 运用气息与共鸣让声音饱满、洪亮。

活动内容：

雄（　　）	皇（　　）	霞（　　）	幼（　　）	学（　　）
果（　　）	盖（　　）	槐（　　）	街（　　）	挥（　　）
谷（　　）	对（　　）	眼（　　）	报（　　）	剧（　　）
削（　　）	话（　　）	男（　　）	闻（　　）	萍（　　）

【活动 1.13】 发声练习

活动要求：

1. 根据下列具体要求朗读词语和句子。

2. 注意词语中翘舌音、鼻音、后鼻韵的发音。

3. 根据发音要领发音，气息饱满，字音清晰。

4. 面带微笑。口腔要有一定控制，应克服方言中口型较松散的发音状态。

活动流程：

1. 念词语：

美好	群众	宣传	南宁	希望	海洋
奶酪	长沙	水晶	苹果	朝阳	城市
飞行员	马铃薯	萤火虫	南极洲	自行车	石英钟
成千上万	万古长青	青梅竹马	马到成功	功德无量	量力而行
行若无事	事出有因	因小失大	大同小异	异口同声	声泪俱下

下里巴人　人老珠黄　黄粱一梦　梦寐以求　求同存异　异想天开

开门见山　山穷水尽　尽力而为　为期不远　远走高飞　飞蛾投火

火树银花　花言巧语　语重心长　长吁短叹　叹为观止　万众一心

2. 做呼喊状读句子：

“大山，你好——我来了——”

“喂——有人吗”

“我，一定会——回——来——的——”

【活动 1.14】　发声综合练习

活动要求：

1. 朗读下列内容，普通话语音标准，声音清晰、响亮。

2. 听同伴朗读的时候能发现错误或不规范的读音。

3. 在朗读中倾听自己的发音，发现错误或不规范的读音，及时改进。

活动内容：

1. 读短句：

“现在开始做广播体操，第一节伸展运动，

1234，5678，2234，5678，3234，5678，4234，56 跳跃运动，

1234，5678，2234，5678，3234，5678，4234，56 停止”。

2. 朗读诗词：

登鹳雀楼

王之涣

白日依山尽，

黄河入海流。

欲穷千里目，

更上一层楼。

枫桥夜泊

张继

月落乌啼霜满天，

江枫渔火对愁眠。

姑苏城外寒山寺，

夜半钟声到客船。

3. 朗读短文：

人类消亡后，地球会变成什么样子？据英国《每日邮报》报道，英国

科学家拍摄了一部科学纪录片——《人类消失后的生活》，对人类消失后的地球景象进行了大胆的预测。科学家称，如果人类从地球上消失，那么，随着时间的流逝，所有现代文明遗迹都将崩溃和消失，只有金字塔会仍然屹立在埃及高原上。如果到时有外星人访问地球，他们也许会认为古埃及才是地球上“最后的文明”。

——专题片《人类消失后的生活》解说词

【活动 1.15】　敦煌壁画

活动要求：

1. 读下列语段，标注换气提示（V）。
2. 感受中国传统文化的悠久历史。
3. 能用普通话标准、流利地朗读。

活动内容：

敦煌石窟的壁画规模宏大，风格各异。站在那连绵不绝的画作前，我们仿佛回到古人生活的时代。无论是行笔还是用色，每个朝代不同的绘画风格都历历在目。汉代出猎图的古朴，唐代服饰的绚丽，宋代人物的拘谨……如国画大师张大千所说：“敦煌壁画代表了北魏至元一千年来我们中国美术的发展史。”

敦煌壁画内容丰富，种类繁多。壁画大体可分为佛像画、神怪画、故事画、山水画等七种。其中，故事画又分为五种，画面生活气息浓郁，情节动人有趣，反映了古代丰富多彩的社会生活。在莫高窟第二百九十窟中，有按顺序绘制的八十七幅壁画，描绘了佛祖释迦牟尼从出生到出家的全部情节。这样的鸿篇巨制连环画，在我国佛教故事画中是罕见的。另外，著名的张骞出使西域的故事就绘制在莫高窟第三百二十三窟的北壁西端上。这幅壁画是现存的最早印证“张骞出使西域”这段历史的绘画作品。

这些丰富多彩的壁画，有的描绘了古代劳动人民打猎、捕鱼、耕田、收割的情景，有的描绘了人们奏乐舞蹈、表演杂技的场面，还有的描绘了大自然的美丽风光……其中最引人注目的是飞天。壁画上的飞天，有的臂挎花篮，采摘鲜花；有的反弹琵琶，轻拨银弦；有的倒悬身子，自天而降；有的彩带飘拂，漫天遨游；有的舒展双臂，翩翩起舞……看着这些精美动人的壁画，就像走进了灿烂辉煌的艺术殿堂。

——《敦煌壁画》

点睛之语

想要发出清晰的声音，一是要关注舌头在口腔中的准确位置，特别是加强作为通用沟通语——普通话语音发音要领的学习。可以从单一的发音到连贯的发音，不断地加快发音频次来有效地锻炼口腔的开度、舌头的灵巧度。二是可以通过从词语、句子再到语段的练习，从易到难、循序渐进。

经常模仿别人规范的发音和大量的朗读可以起到修正、强化的作用，是不错的学习方法，每个字音的普通话正确发音是需要记住的，可以利用汉字声旁类推的原则，帮助我们记住更多字的读音。例如：青（ng）：请、清、晴、情、精、静、镜、靖、菁。

第二章　让你的表达更生动

丰富的语言表达构建了一个充满生机与活力的语言世界。用于表达的一般分为有声语言和无声语言。它们在表达的世界里分工合作，共同承担起交流沟通的任务。

俗话说：言由心生。怎样才能准确表达我们的所思所想？怎样才能让别人听明白我们的表达？因此，必须对语言表达的基本技巧进行了解，才会让你的表达更加准确、生动。

第一节　语言表达的基本技巧

学习目标

1. 了解语言表达的基本技巧。
2. 能运用语言表达的基本技巧进行表达。
3. 感受运用语言技巧后的变化。

感知体验

请朗读下列语段，然后扫描二维码倾听语音资源，说说自己与朗读者有什么不同。

《英雄走好》

——祭奠抗疫英雄

《英雄走好》

望着他们遗像上的倦容与微笑，
看着他们姓名下的生卒年月，
想想他们急匆匆奔去天国的背影，

哀乐中的倒春寒风，
让我们的心灵再次瑟瑟发抖！

英雄无畏，
他们在奔赴拯救生命一线的前夕，
就写下名字，
按上手印，
发出誓言：
不计报酬，无畏生死！

英雄无悔，
白衣天使，舍己救人，
本也是他们的职业操守，
可，这次最令人生畏的
是冒着极大的风险，
赌上自己的命，
去与死神抢夺成百上千条生命！
前赴后继，争分夺秒，
让患者复生的奇迹，
来催生他们疲惫后的欢愉与满足！

好多的重症患者，
转轻了，治愈了，
他们却在防疫战初胜的前夕，
怀着对祖国和亲人的无比眷恋
之情离开了我们！

今天，四月四日，
我们怀着对英雄的敬仰与哀悼，
带着对因疫而逝的同胞
默默地思念与悼告，
向他们送去清明节全体国人的
哀思与怀念！

英雄走好，
逝者安息，
天国那边无病无痛，
只有你们善良的意念，
和睦共处的另一个家园！

哀乐是我们的泣声，
是我们的悲号！
让我们用滚烫的心灵，
遮挡住路途上的凄风冷雨，
陪伴着您，
送您去天国安宁！

安息吧，
你们在天国那边会
得到永生！

知识积累

一、语言表达的基本技巧

我们有时在科幻电影里听见外星人说话，基本上就是一个腔调，语言没有任何变化。而人的语言则是生动的，有高低、快慢等语言变化的。因此，了解这些语言变化才能增添表达的魅力。

语言表达的基本技巧主要包括语言表达的轻与重、停与连、快与慢、升与降。

1. 轻与重

语言表达的轻与重主要是指在表达的时候将个别字音或轻或重地读出来，主要是起到增强语言表达效果的作用。你可以选择在一句话中最关键的字词或是最想让别人记住的字词作为重读或轻读的音节。如“走在第十二方阵的是汽修专业部的同学们”“这个城市太大了”“祖国我爱（轻读）你！”。

重读的时候可以稍微加强、加大音量来读，不能突然加得很重，造成生硬不自然的感觉。轻读的时候反之。

2. 停与连

语言表达的停与连主要是指在表达的时候语句之间的停顿和连接。一般来说，说话时会根据自然呼吸的长短进行换气停顿，在阅读时也会在有标点符号的地方进行自然的停顿，但当出现一些特殊情况的时候，就会将一句完整的语句进行一次或几次停顿，或是将一个或几个有标点的地方连起来读，从而增强表达的效果。这都需要在理解的基础上对语言表达的停与连进行处理，增强表达效果。如：“糟了，糟了，月亮掉进井里了”中为了体现出急迫性，就应该将标点处的自然停顿进行连读，读成“糟了糟了”。又如：“在短时期内动物缺水要比缺少食物更加危险。”为了让听者更加清楚表达的内容，就可以读成“在短时期内，动物缺水，要比缺少食物，更加危险”。

一般来说，停顿的时间就是自然呼吸的时间，需要连读的一般采用加快语速，句子之间没有停顿的方式。

3. 快与慢

语言表达的快与慢主要是指语言速度的快与慢，一般称为语速。语言速度的快慢可以表现出人物的性格、情绪，我们也可以利用语速的快与慢去表现不同的周围的环境、渲染气氛。在不同的环境控制好语速，也是准确表达语言的非常重要的技能。

一般来说，表现健康、积极、愉悦、焦急等状态时语速较快；表现沉稳、消极、迟钝、沮丧等状态时语速较慢；表现热闹、欢快、紧张、危险等场景时语速稍快；表现优美、宁静、荒凉、恐怖等场景时语速稍慢。

语言速度的快慢是相对的，每一个人的语速是有个人特色的，生活中我们可以根据自身的感受，进行语速的调整，但当我们在某些特殊环境时，就可以运用语速的快与慢帮助我们准确地表达。

4. 升与降

语言表达的升与降是指语言的音调在语句中升降变化的主要趋势，也称为语调。生活中我们会根据自己的不同感受呈现不同的语言状态，不同的语言状态就会有不同的语调。同一句话，用不同的语调表达，就会传递出不同的语言意义。如：“你好！”用曲调来念，语义就变成有讽刺的意思了。

语调一般分平调、升调、降调、曲调四种调型。语调的高低升降变化一般在句尾比较明显。

读平调的语句无明显的高低升降的变化，常用于表达悲痛、庄重、冷漠、沉重等情绪。

读升调的语句是由平逐渐升高，常用于表达疑问、惊讶、兴奋、激动、反问等情绪。

读降调的语句是由平逐渐降低，常用于表达肯定、坚持、祈求、赞赏等情绪。

读曲调的语句是表现在语句中一两个音节的读音，由降到升再到降的变化趋势，常用于表达怀疑、嘲讽、厌恶、惊讶等情绪。

为了帮助我们在朗读时记住各种不同的表达类型，还可以借助一些符号进行记录。

语言表达类型	语言表达符号	例　句
轻与重	轻（。）	祖国我爱你！
	重（·）	这个城市太大了
停与连	停（丨）	在短时期内丨动物缺水丨要比缺少食物丨更加危险。
	连（⌒）	“糟了，糟了”，月亮掉进井里了！
快与慢	快（——）	他一个箭步冲了上去。
	慢（~~~~~）	雨声渐渐地住了。

续表

语言表达类型	语言表达符号	例　句
升与降	平（→）	你回来了。→
	升（↗）	你回来了？↗
	降（↘）	你真好！↘
	曲（⋁↗）	你真好。⋁↗

二、音色的变化技巧

（一）基本音色

音色是指声音的特色。每个人因为声带厚薄及发音方式不一样，就形成不同的音色。有的粗，有的细；有的明亮，有的晦暗。但这些特色都是相对的，有的特质明显，有的不明显。请看下列几组对比音色。

1. 明与暗

明亮的声音响亮，声带稍紧，给人以气满声高的感觉。反之，比较晦暗的声音低沉，两颊放松，声带稍松，用胸腔共鸣。

2. 实与虚

实的声音是最自然、常用的一种音色，声音结实、响亮。而虚的声音表现在发声的同时气息逸出较多，就像是耳语。

3. 柔与刚

柔和的声音松弛、语速平缓，发音时呈微笑状。而比较刚毅的声音有力，给人以气足声硬的感觉。

在实际运用中，这几组音色常常相互组合，共同为表情达意起作用。如明与柔、刚与虚的组合就发出新的音色。

（二）特殊音色

我们除了正常运用的音色外，特别在文学作品的表达上，还可以运用一些特殊的音色来表现。

（1）拟音：模拟某种声响，多为象声词。如：滴答、啪啦、咚等。

（2）颤音：喉头振动、发音不稳定，表现出颤抖感。

（3）泣声：用哭泣的状态发声，有抽泣感。

能力提升

【活动 2.1】　画一画，读一读

活动要求：

1. 运用基本朗读技巧朗读下列语段，并将所用的朗读技巧用表情符号标注出来。

2. 与同学交流朗读体验，并说说为什么这样进行处理。

活动内容：

一个人的一生，只能经历自己拥有的那一份欣悦，那一份苦难，也许再加上他亲自闻知的那些关于自身以外的经历和经验。然而，人们通过阅读，却能进入不同时空的诸多他人的世界。这样，具有阅读能力的人，无形间获得了超越有限生命的无限可能性。阅读不仅使他多识了草、木、虫、鱼之名，而且可以上溯远古下及未来，饱览存在的与非存在的奇风异俗。

【活动 2.2】　声音变变

活动要求：

1. 认真理解并运用语言表达技巧朗读下列语段。

2. 与同学交流朗读体验，并说说为什么这样进行处理。

活动内容：

1. 轻轻的我走了，

正如我轻轻的来；

我轻轻的招手，

作别西天的云彩……

——《再别康桥》徐志摩

2. 为什么我的眼里常含泪水？

因为我对这土地爱得深沉……

——《我爱这土地》艾青

3. 有的人活着

他已经死了；

有的人死了

他还活着。

有的人

骑在人民头上："呵，我多伟大！"

有的人

俯下身子给人民当牛马。

有的人

把名字刻入石头，想"不朽"；

有的人

情愿作野草，等着地下的火烧。

有的人

他活着别人就不能活；

有的人

他活着为了多数人更好地活。

……

——《有的人》臧克家

4. 他们最喜欢玩藏猫猫，和转啊转圈圈儿，在学校里，他们整整齐齐地排排坐。

——《小蓝和小黄》李欧·李奥尼

5. 海鸭也在呻吟着，——它们这些海鸭啊，享受不了生活的战斗的欢乐，轰隆隆的雷声就把它们吓坏了。

——《海燕》高尔基

6. 我喜欢眼前飞舞着的上海的雪花。它才是“雪白”的白色，也才是花一样的美丽。它好像比空气还轻，并不从半空里落下来，而是被空气从地面卷起来的。然而它又像是活的生物，像夏天黄昏时候的成群的蚊蚋 (ruì)，像春天酿蜜时期的蜜蜂，它的忙碌的飞翔，或上或下，或快或慢，或粘着人身，或拥入窗隙，仿佛自有它自己的意志和目的。它静默无声。但在它飞舞的时候，我们似乎听见了千百万人马的呼号和脚步声，大海汹涌的波涛声，森林的狂吼声，有时又似乎听见了儿女的窃窃私语声，礼拜堂的平静的晚祷声，花园里的欢乐的鸟歌声……它所带来的是阴沉与严寒。但在它的飞舞的姿态中，我们看见了慈善的母亲，活泼的孩子，微笑的花儿，和暖的太阳，静默的晚霞……它没有气息。但当它扑到我们面上的时候，我们似乎闻到了旷野间鲜洁的空气的气息，山谷中幽雅的兰花的气息，花园里浓郁的玫瑰的气息，清淡的茉莉花的气息……

——《雪》余秋雨

7. 我写着写着，常常为我面前这一个个方块字而动情。它们像一群活泼可爱的孩子在纸上玩耍嬉戏，像一朵朵美丽多姿的鲜花愉悦你的眼睛。这时我真不忍将它们框在方格里，真想叫它们离开格子去舒展，去不受拘束地享受自己的欢乐。

真的，它们可不是僵硬的符号，而是有着独特性格的精灵。你看吧，每个字都有不同的风韵。“太阳”这个词，使你感触到热和力，而“月亮”却又闪着清丽的光辉。“轻”字使人有飘浮感，“重”字一望而沉坠。“笑”字令人欢快，“哭”字一看就像流泪。“冷霜”好像散发出一种寒气，“幽深”

两个字一出现，你似乎进入森林或宁静的院落。当你落笔写下“人”这个字，不禁肃然起敬，并为“天”和“地”的创造赞叹不已。这些有影无形的图画，这些横竖勾勒的奇妙组合，同人的气质多么相近。它们在瞬间走进想象，然后又从想象流出，只在记忆中留下无穷的回味。这是一些多么可爱的小精灵啊！而在书法家的笔下，它们更能生发出无穷无尽的变化，或挺拔如峰，或清亮如溪，或浩瀚如海，或凝滑如脂。它们自身就有一种智慧的力量，一个想象的天地，任你尽情飞翔与驰骋。在人类古老的长河中，有哪一个民族能像中华民族一样拥有这么丰富的书法瑰宝？

——《我爱你，中国的汉字》刘湛秋

【活动 2.3】 配音秀

活动要求：

下载“配音秀”App，自选一个自己喜欢的人物角色进行配音。

活动流程：

1. 将自己准备的作品在全班展示分享。

2. 评选最佳“配音之星”。

点睛之语

语言的生动性就在于有高低、轻重、快慢的变化。在平时的学习生活中应多去聆听、模仿学习善于表达的人，提升自己的语言辨识能力和运用能力。做有情感的说话者，而不做机械的传声筒。

第二节　体态语的表达

学习目标

1. 了解体态语的作用。
2. 能选择适宜的体态语进行表达。
3. 能展现体态语的美。

感知体验

1. 请介绍你喜欢的一种文体活动，讲述时运用适当的表情和肢体动作。

2. 观看在电视、电影或文娱节目中的人物进行语言交流时的表情、动作。

知识积累

体态语是指通过人的面部表情以及肢体动作传递出的语言意义，也称为无声语言。它与有声语言一样是我们表情达意的工具，它们常常相辅相成，对我们表情达意起着重要的作用。没有体态语参与的有声语言，一是会影响表意的准确性，二是很难让语言生动。有时候，在一些特殊的语境中体态语所表达的内涵还会胜过有声语言的表达。比如一个犀利的眼神，一个会心的微笑。

1. 面部表情

法国作家罗曼·罗兰曾说：“面部表情是多少世纪培养成功的语言，是比嘴里讲的，更复杂到千百倍的语言。”面部表情主要是指眉毛、眼睛、嘴巴、脸颊、鼻子的运动变化。而面部表情常常是随我们心理和情绪的变化而变化的，也就是随着喜、怒、哀、乐情绪变化所表现出来的不同面部动作。

俗话说，眼睛是心灵的窗户。因此，眼睛是面部表情中的重要器官，眼睛不同的状态会传递出我们的表意。一般眼睛的状态有：正视（正看对方。有尊重、诚恳、礼貌之意）、仰视（抬头、往上看。有崇敬、崇拜或骄傲之意）、斜视（用眼角往一个方向看。有轻视之意）、环视（左右环顾。有想与人交流或描述场景之意）、凝视（专注地看一个地方。有专注、敬仰之意）、虚视（眼睛微眯。有虚幻、蒙胧之意）。

2. 肢体动作

肢体动作一般是指头部、肩部、四肢和躯干的运动。在日常表达时，我们通常会随着有声语言的表达，自然地做出不同的体态变化。如问好的时候辅以点头、握手的动作。有时候也会用肢体的动作替代有声语言。如在有发声障碍的时候，或是不想或因特殊情况不能用有声语言的时候。

头部的动作有低头（有思考、难受等之意）、仰头（有思考、期盼等之意）、点头（有认可之意）、摇头（有否定之意）、扭头（有蔑视之意）等表意的动作。

肩部动作主要有耸肩的动作，经常是配合其他动作一起完成表意，如耸肩加摊开双手一般表示：不知道、做不到、无能为力等意思。

四肢的表意一般是用上肢的手臂、手掌、手指协调配合来进行表意。如模拟生活的情景动作：射击、拉弓、书写、切菜、再见等。而用手指表意的时候较多，如做数字、胜利等的手势。下肢的动作一般在表意时不单独表意，一般有双腿前后移动或抖动、跺脚等动作，经常是配合上肢的表意来进行的。

躯干的动作一般是直立、前倾、后仰等，一般不单独表意，而是配合其他部位的动作一起表意。

总之，体态语是对有声语言的辅助，其作用是增强语言表达的生动性和准确性，但切忌在语言表达时过多地使用，以致干扰倾听。

能力提升

【活动 2.4】　我说你做

活动要求：

1. 根据下列文字提示做出相应的表情动作。

2. 尝试将所有词语连贯做变换表情动作。

活动内容：

微笑——痛苦——希望——兴奋——绝望——坚定——懊恼——信任——加油——沮丧——惊恐——木讷——窃喜——好辣——好香——难闻——好冷——看远山——越飞越高——火车开走了

【活动 2.5】　我做你猜

活动要求：

根据提供的词语做出相应的体态动作。

活动流程：

1. 课前每人收集适合体态展示的四字词语若干，每个词都写在一张小纸条上备用。

2. 小组活动。先用掷骰子的形式选出题人和执行人。出题人随机抽取写有四字词语的小纸条给执行人看，执行人看后用匹配度体态动作进行展示，小组其他成员猜测展示的词语，并写在纸上。然后，出题人宣布答案，答案正确（同义的词也算正确）的担任下一轮的出题人。若都对了用剪刀石头布的形式 PK。再用掷骰子的形式选执行人，以此类推。

3. 班级活动。用小组活动流程，每个小组推选一人参加班级 PK 赛。

活动内容：

闻鸡起舞　大步流星　愁眉苦脸　喜笑颜开　目不转睛

垂头丧气　囊空如洗　老态龙钟　金鸡独立　一箭双雕

没精打采　暴跳如雷　目瞪口呆　捧腹大笑　惊恐万分

【活动 2.6】　我说你猜

活动要求：

1. 阅读下列材料，选择适宜的体态语。

2. 先尝试默念材料进行体态语表达，再结合有声语言进行表达。

活动流程：

1. 由个人选择一首作品进行体态语设计，并在小组展示，展示时只能用体态语进行表达演绎，不允许动口发声。演绎完成后让小组成员猜测是哪一个作品。

2. 小组交流修改体态语设计，再用有声语言配合表达练习。

3. 全班随机抽取同学进行展示。

活动内容：

望庐山瀑布

李　白

日照香炉生紫烟，
遥看瀑布挂前川。
飞流直下三千尺，
疑是银河落九天。

回乡偶书

贺知章

少小离家老大回，
乡音无改鬓毛衰。
儿童相见不相识，
笑问客从何处来。

早发白帝城

李　白

朝辞白帝彩云间，
千里江陵一日还。
两岸猿声啼不住，
轻舟已过万重山。

村　居

高　鼎

草长莺飞二月天，
拂堤杨柳醉春烟。
儿童散学归来早，
忙趁东风放纸鸢。

小　池

杨万里

泉眼无声惜细流，
树阴照水爱晴柔。
小荷才露尖尖角，
早有蜻蜓立上头。

【活动 2.7】　我说你看

活动要求：

阅读下列材料，选择适宜的体态语配合朗读技巧进行表达。

活动流程：

1. 自选材料进行体态语设计。

2. 在小组中展示自己设计的材料。

3. 小组成员交流修改设计，提高朗读技巧。

活动内容：

起初周围是静寂的。后来忽然起了一声鸟叫。我们把手一拍，便看见一只大鸟飞了起来。接着又看见第二只，第三只。我们继续拍掌，树上就变得热闹了，到处都是鸟声，到处都是鸟影。大的，小的，花的，黑的，有的站在树枝上叫，有的飞起来，有的在扑翅膀。

——节选《鸟的天堂》巴金

我相信每一个赤诚忠厚的孩子，都曾在心底向父母许下“孝”的宏愿，相信来日方长，相信水到渠成，相信自己必有功成名就衣锦还乡的那一天，可以从容尽孝。

可惜人们忘了，忘了时间的残酷，忘了人生的短暂，忘了世上有永远无法报答的恩情，忘了生命本身有不堪一击的脆弱。

父母走了，带着对我们深深的挂念。父母走了，遗留给我们永无偿还的心情。你就永远无以言孝。

有一些事情，当我们年轻的时候，无法懂得。当我们懂得的时候，已不再年轻。世上有些东西可以弥补，有些东西永无弥补。

——节选《孝心无价》毕淑敏

我又再次见到了那飘散着的一片片落叶。

见到落叶并不稀奇，但是这是在春天，四月的春天！春天见得最多的应是傲然怒放的鲜花和春风得意的杨柳，而不是这像蝴蝶一般在空中翩翩起舞，萦绕的落叶。

我看着地上的落叶，有三种不同的颜色：翡翠般绿的，金子般黄的，火一般红的，真可以说是色彩繁多了。

今年似乎与往年不同，春天的落叶特别多，几乎在每一棵树旁，都会有一片片落叶静静地躺在那儿等着清洁工人来打扫。

——节选《落叶》徐志摩

不知有花

张晓风

那时候，是五月，桐花在一夜之间，攻占了所有的山头。历史或者是由一个一个的英雄豪杰叠成的，但岁月——岁月对我而言是花和花的禅让所缔造的。

桐花极白，极矜持，花心却又泄露些许微红。我和我的朋友都认定这花有点诡秘——平日守口如瓶，一旦花开，则所向披靡，灿如一片低飞的云。

车子停在一个客家山村，走过紫苏茂盛的小径，我们站在高高的桐树下。山路上落满白花，每一块石头都因花罩而极尽温柔，仿佛战马一旦披上了绣帔，也可以供女人骑乘。

而阳光那么好，像一种叫“桂花蜜酿”的酒，人走到林子深处，不免叹息气短，对着这惊心动魄的手笔感到无能为力，强大的美有时令人虚脱。

忽然有个妇人行来，赭红的皮肤特别像那一带泥土的色调。

“你们来找人？”

“我们——来看花。”

“花？”妇人匆匆往前赶路，一面丢下一句，“哪有花？”

由于她并不在求答案，我们也噤然不知如何接腔，只是相顾愕然，如此满山满树迎面迎鼻的桐花，她居然问我们“哪有花——”！

但风过处花落如雨，似乎也并不反对她的说法。忽然，我懂了，这是她的家，这前山后山的桐树是他们的农作物，是大型的庄稼。而农人对它们的花，一向是视而不见的。在他们看来，玫瑰是花，剑兰是花，菊是花，至于稻花桐花，那是不算的。

使我们为之绝倒发痴的花，她竟可以担着水夷然走过千遍，并且说：“花？哪有花？”

我想起少年时游狮头山，站在庵前看晚霞落日，只觉如万艳争流竞渡，一片西天华美到几乎受伤的地步，忍不住返身对行过的老尼说：“快看那落日！”她安静垂眉道：“天天都是这样的！”

事隔二十年，这山村女子的口气，同那老尼竟如此相似，我不禁暗暗嫉妒起来。

不为花而目醉神迷、惊愕叹息的，才是花的主人吧！对那大声问我“花？哪有花？”的山村妇人而言，花是树的一部分，树是山林的一部分，山林是生活的一部分，而生活是浑然大化的一部分。她与花就像山与云，相亲相融而不相知。

年年桐花开的时候，我总想起那妇人，步过花潮花汐而不知有花的妇人，并且暗暗嫉妒。

点睛之语

体态语是与有声语言相互配合，共同为表意服务的工具。人的一言一语、一颦一笑、一举一动都传递着想表达的意思。在日常的生活、学习中应注意观察言语得体的人的体态表达，并在自己的语言表达实践中慢慢领悟、习得。

第三章　让你学会自我表达

口语表达能力的提高是一个渐进的过程，训练需要遵循由易到难、由浅入深、由分解训练到综合训练的原则，所以本章主题“让你学会自我表达”的训练内容，是按照“复述与描述”到“介绍与解说”再到“演讲”的顺序进行的。这些凭借文字材料的口语表达，是口语表达的基本形式，是说话训练的基础内容，是后续深入学习表达交流的基础。通过本章的学习，相信你会敢于大声说话，敢于大胆正视公众，相信你的表达会更加自信。

第一节　复述与描述

学习目标

1. 了解复述和描述的概念、分类和基本要求。
2. 能按照要求进行复述和描述，做到条理清楚、表达流畅。
3. 养成品味语言的习惯，体验作品情感美，崇尚工匠精神。

感知体验

寒假结束了，李莉要返校上课了，可是奶奶有点儿感冒，还有点儿咳嗽。于是，她领奶奶去医院做了检查并买了药，回来后，伺候奶奶吃药，还为不识字的奶奶读药品的使用说明书。奶奶笑着说：“孙女，它上面那些话，我大半都听不懂。”

第二天早晨临走时，李莉拉着奶奶的手，再三叮嘱她要按时吃药。李莉为了让奶奶记住，就用通俗易懂的语言，将药品使用说明书的相关内容为奶奶复述了一遍。这次，奶奶听懂了，也记住了。

同样的说明书，为什么奶奶第一次听不大懂，第二次却听懂了？其实，这就是“复述”语言表达方式的精彩运用。请你尝试一下，为家中的奶奶、爷爷或小弟弟、小妹妹复述一下。

知识积累

一、复述

（一）复述的概念和要求

复述是指运用自己的语言，把看到或听到的语言材料在理解记忆或整理加工的基础上，有中心、有条理、有感情地用口语完整讲述出来。复述训练有利于培养语感、提高表达的条理性和口语表述能力。复述的基本要求是：

第一，完整、准确地体现原材料的中心和重点；

第二，条理清楚，反映各部分的内在联系；

第三，把书面语转换为口头语；

第四，语言表达生动、流畅，有表现力。

（二）复述的种类

1. 详细复述

详细复述是用自己的话，基本按原始材料的内容和顺序，准确、完整地述说的一种复述形式。这种复述训练，有助于推动书面语向口头语的迁移，它是对表达条理性的一种锻炼。详细复述应该做到：

（1）用自己的话叙述，不能照背原文；

（2）一些关键内容、重要情节、精彩部分基本保持原状；

（3）适当对语言进行加工，如长句变为短句，少用“他”“她”等容易混淆的词语，而代之以具体的人物名称，层次适当简化；

（4）表情、语气要自然，不应是读书或背书的腔调。

2. 概要复述

概要复述又称简要复述，是在理解原材料的基础上，用简洁的语言，准确概括原材料主要内容的一种复述形式。这种复述训练，有助于提高语言概括能力和归纳、抽象等思维能力。概要复述应该做到：

（1）把握整体，抓住中心，陈述主要内容；

（2）理清线索，对主要内容进行概括、归纳；

（3）舍去枝叶，反映原貌，语言简明连贯。

3. 扩展复述

扩展复述即创造性复述，是对原材料作适当扩充、展开的一种创造性复述形式。扩展复述，还可以通过改变人称、改变顺序、改变体裁等进行变式复述。扩展复述训练能提高理解能力和想象能力，提高语言表达的感染力。扩展复述的要领：

（1）根据原有材料作合理想象或理性延伸，但不能背离原意和基本框架；

（2）不要面面俱到，根据原材料的中心思想确定扩展的重点；

（3）根据表达的需要运用描述、解说、论证、比喻、对比、夸张等多种手法。

对不同的材料内容作扩展复述，其侧重点不同：对记叙性材料，应合理补充细节，使复述更生动、更充实、更完整；对说明性材料，应对说明性内容增加更具体、更详尽的说明；对议论性材料，应增加有理性论证的层次，补充论据材料，做更深入的剖析。

二、描述

（一）描述的概念和要求

描述是用生动、形象的语言，具体、细致地描绘人、事、物、景等具体事物的形态特征，或再现某种场景的一种口语表达方式。描述具有生动性、直观性、审美性等特征。描述应做到：内容真实，详略得当；抓住特征，形象传神；合理修辞，语言生动。

（二）描述的分类

1. 从描述的方式上分

（1）观察描述。观察描述就是描述者观察时或观察后立即进行描述的表达方式。

（2）回忆描述。回忆描述是以回忆的方式再现事物或场景的一种描述方式。如追忆往事或美好时光、对亲朋故友的缅怀、对游览感受的述说等。

（3）想象描述。描述者以观察或记忆的某些人或事为基础，通过合理的想象和联想而进行的一种描述方式。想象描述应合理推想事件的前因后果、来龙去脉，揣摩人物的心理活动，推测事物的发展变化。

2. 从描述的内容上分

（1）景物描述。景物描述是指对自然环境和社会环境中的风景、物体进行描述的表达方式。

（2）人物描述。人物描述是对人物的外貌（长相、身材、神态、穿着打扮等）、语言（生动、有个性的、反映年龄或身份等）、行为（举止、动作）和内心世界（内心感受、变化）进行描述的表达方式，目的是表现人物的性格和精神面貌。

（3）场面描述。场面描述是对一个特定的时间和地点内许多人物活动的总体情况的描述，是自然景色、社会环境、人物活动等对象的集中表现。进行场面描述时要注意：

第一，交代清楚场面的背景。如活动场面发生的时间、地点、人物、环境等。

第二，描述出气氛。气氛是人在一定环境中看到的景象或感觉到的一种情绪或感情。如：庆祝场面有欢乐的气氛；比赛场面有紧张的气氛；送别场面有难舍难分的气氛等。

第三，按一定的顺序描述。描述时可先总后分、由概括到具体，点面结合。

能力提升

【活动 3.1】　传声筒游戏

作品提示与指导

活动准备：

教师拟订 40 个字左右的一段话或参考下文内容。

活动内容：

传递参考内容如下："杨善洲，杨善洲，当官一场手空空，拼了老命建林场，创造资产几个亿，分文不取乐悠悠。"

活动流程：

1. 每 8 人或 6 人一组，纵向排列。

2. 由每组的第一个同学阅读老师提供的材料，看到内容后耳语传给下一位同学，逐个传递。

3. 最后一名同学大声说出所听到的内容。

4. 集体评议优胜小组。

【活动 3.2】　我来讲

活动要求：

对材料进行详细复述和概要复述。

活动流程：

1. 朗读材料后概括出关键词。

2. 拟出本文详细复述的提纲。

3. 进行详细复述。

4. 进行概要复述。

活动内容：

阅读《将梦想点亮》并完成练习，对材料进行详细复述和概要复述。

1. 概括出概要复述的关键词。

__________ __________ __________ __________

2. 试拟出本文详细复述的提纲。

____

____

____

____

将梦想点亮

“三项第一，将梦想点亮，这一路，无论是高峰还是低谷，我始终凭借热血与汗水，以赤子之心去迎接所有的挑战，因为我坚信，只要坚持往前走，属于你的风景一定会出现。”曾正超意气风发地道出了自己的感受。2015 年 8 月 16 日，第 43 届世界技能大赛在巴西圣保罗闭幕，焊接项目的冠军领奖台上，一副东方面孔和他手中的五星红旗显得格外夺目，他就是中国好“焊”曾正超。

在此次比赛中，曾正超所代表的中国队以焊接项目总分第一的成绩夺得金牌，中国队实现在世界技能大赛上金牌零的突破。

从台下到台上，一小步的距离，凝结了曾正超无数个日日夜夜的历练和拼搏，从大山的孩子到世界冠军，这一段看似遥不可及的梦想，被他变成了现实。

讲到曾正超如何和电焊结缘的，他说还要感谢初三的班主任，班主任告诉他电焊的技术含量高，毕业好就业，不一定非要考大学才是最好的选择。就这样，曾正超走上了电焊之路。

毕业后的曾正超顺利地进入了中国十九冶集团，成为一名真正的焊接工人，并被焊接教练选中成为第42届世界技能大赛焊接培训班的预备队员。

2013年，曾正超代表中国十九冶集团参加了第42届世界技能大赛全国选拔赛，进入前10，然而，对手实力不容小觑，最终遗憾止步十强。

但是，曾正超没有气馁。2013年底，凭借在工作中的出色表现，曾正超再次被企业选中，成为第43届世界技能大赛的集训选手。

这一次回归，曾正超祛除浮躁，沉稳面对一切训练和挑战，最终被选中进入国家集训基地。

从2015年初开始，国家焊接集训基地就进入了全面备战状态，教练和专家组也开启了“2选1”的评判阶段，两名选手的评判标准也完全依照世界技能大赛焊接项目的要求进行。最终，曾正超以近乎完美的作品与对手过招，在经过三次综合评分后，他成了“唯一”。

2015年8月，集训车间的倒计时牌归零，曾正超即将奔赴巴西圣保罗。就在出发前的二十分钟，他还在集训车间训练，他说：“这样的努力和坚持，为的就是最后一战。”

8月11日，身穿中国队服，手握国旗的曾正超走进了开幕式现场，为这一刻，他整整奋斗了两年。

历时4天，39个国家的焊接高手，长达18个小时的比赛正式结束，回想比赛时的场景，曾正超说：“每一天的比赛，焊接服里的汗水都是从头流到脚，每天的焊接进程，我都准确把控着时间和节奏，从外观到焊接点，我尽全力在细节上做到完美。”

来自39个国家的40名裁判对选手在压力测试、射线探伤等方面进行评判，全场观众屏息期待冠军的诞生。

“曾正超，China！”在一片掌声和欢呼声中，裁判宣布曾正超以总分第一的成绩夺冠，他开心地笑了起来。

——中国青年网

【活动 3.3】 职场扮演

活动要求：

请同学们根据下面的情境，先进行扩展复述练习，再分角色模拟情景扩展复述。一个扮演老太太，一个扮演售货员，一个扮演经理，分组分角色进行模拟对话，参考下面的评价表，最后评出若干优胜小组。

活动内容：

一位60多岁的老太太从一个电器专卖店买了一个暖手宝，回去一试，竟是坏的。第二天一大早，老太太来到店里要求换货，可是售货员以该货不是从她手里卖出，而且当时为什么没有试一试为理由，坚决不同意换货。老太太和售货员争执起来。老太太去找专卖店的经理理论。经理耐心地听明来意后，三言两语就把事情解决了。本来想理论一番的老太太，也客客气气、高高兴兴地拿着新换的暖手宝走了。

活动流程：

1. 先阅读材料，熟悉材料内容。

2. 每人进行扩展复述练习。

3. 按每 3 人一组，进行分组。

4. 组内 3 人分别扮演老太太、售货员、经理，模拟对话，进行扩展复述。

5. 教师随机抽选 4 个组。4 个组依次上台展示。

6. 未上台的同学对参与展示的 4 个组进行评分，评出优胜组 2 个。

扩展复述活动评价表

评价项目	评分标准				得分
	8~10	5~7	3~4	1~2	
内容	内容完整、情节清晰	大部分内容讲述到了，但不够全面	情节的大致意思能讲清	有故事的梗概	
条理 / 流畅度	有条理，按一定顺序讲述，语句通顺	有一定的讲述顺序，个别语句有问题	条理性较差，讲述中病句、错句较多	语句有些颠倒，讲述不够流畅	

续表

评价项目	评分标准				得分
	8~10	5~7	3~4	1~2	
生动性	能用形象生动的语言，富有表现力	能运用形象生动的语言讲述故事	对人物、情节等做了一些形象描述	个别语句较生动	
创造性	发挥想象，创造性地增加细节描写，提高原文表现力	能增加生动的描写，使原文更丰富	能做适当的创造，扩充原材料内容	个别情节做了创造性的处理	
音量／清晰度	整个过程声音响亮清晰	大部分时间声音响亮清晰	有时声音响亮清晰	介绍时声音轻得听不见	

【活动 3.4】　天天实践

活动要求：

实施复述能力训练计划，并坚持一周，对效果进行“好”“中”“差”的自我评价。

活动内容：

时　间	复述能力训练内容	效果自评
星期一	向身边的朋友讲当代青年先进事迹等方面的一件事	
星期二	给班主任或宿舍室友传一次话	
星期三	观察并记录某一位同学在一次传话中的优点和缺点	
星期四	对转达别人的一次话语进行当面确认，看是否准确	
星期五	向全班复述一则有正能量的新闻	

【活动 3.5】　我说你猜

活动要求：

描述班上一位同学的外貌、神态、穿着打扮、行动、语言、性格等特征。描述要抓住特征，语言表达生动、形象、流畅。

活动流程：

1. 自由组合，两人一组。

2. 一人任选一位班上的同学作为描述对象进行描述，另一人猜测，并说出同学的名字，看是否正确；然后互换角色，进行描述和猜测。

3. 教师随机叫一位同学上讲台，让其任选一位同学描述，同学们猜猜他（她）是谁。

活动内容：

在不说出同学姓名的情况下，描述一位同学，大家猜猜他（她）是谁。

【活动 3.6】 看图描述

活动要求：

1. 学生仔细看图，抓住图片的主要特征进行描述。

2. 图片描述后，选择你认为适宜的答案回答问题。

活动流程：

1. 认真看图，选择其中一幅，抓住图片的主要特征进行描述。

2. 通过对图片的描述，你认为描述的要求是什么？（请选择适宜的答案打√）

☐ A. 拼凑堆砌　　B. 抓住特征　　C. 真实准确　　D. 夸张渲染

☐ E. 语言生动　　F. 形象鲜明　　G. 脱离生活　　H. 目的明确

（图片选自 ZCOOL 站酷）

（图片选自“学习强国”学习平台）

【活动 3.7】　命题描述

活动要求：

针对下列题目，全班每人自己任意选择一个，准备 5 分钟，进行 3 分钟左右的描述。

活动内容：

1. 我最喜爱的一处风景。

2. 十年后的我。

3. 我的老师。

4. 最难忘的一次聚会。

活动流程：

1. 每 4 人一组，每人任选一题。

2. 每人准备 5 分钟。

3. 小组成员依次在组上展示。

4. 各小组推荐代表 1 人在全班展示。

点睛之语

复述的关键是要对语言材料进行理解和记忆；描述要注意抓住特征，详略得当。复述和描述都要做到条理清楚，语言表达生动、流畅。

第二节 介绍与解说

学习目标

1. 熟悉自我介绍、介绍他人的方法和技巧，掌握解说的要求。

2. 能按照要求进行自我介绍、介绍他人，能进行不同类型的解说，做到仪态自然大方、语速适当、注重语言表达技巧。

3. 增强自信心，养成服务他人的自觉意识，对革命历史有浓厚的兴趣。

感知体验

生活中，谁都会面对一些陌生的人和不熟悉的事物，这种时候，介绍和解说就成为必不可少的沟通手段。当别人不认识你的时候，你要做自我介绍；当别人不认识你的朋友或家人的时候，你要给他人做介绍；不熟悉的景点、展览或大型活动等需要有人来进行解说。只有互相介绍、必要的解说，才可以消除人与人的陌生感，才能对景点、展览或大型活动等有深入的了解。因此，承担介绍和解说，既是一个锻炼、展示自己的机会，也是为他人服务的一种礼仪行为和工作内容。

知识积累

一、介绍

介绍是指对人、事或物做口头的描述、说明和评价。介绍的种类很多，大致分为人物介绍、事件介绍、事物介绍和环境介绍等。本节重点学习人物介绍。人物介绍一般包括姓名、年龄、身份、个性特点、兴趣爱好、专业特长、个人成就等。人物介绍分为自我介绍和介绍他人两种。

（一）自我介绍

自我介绍是指人们在社交场合中向他人介绍自己的过程。自我介绍就是推销自己，目的是让对方能记住自己，了解自己，给人良好的“第一印象”。

1. 自我介绍的方法和技巧

（1）时机要恰当

要选择对方心情愉快、有闲暇、有兴趣的时候进行，如果对方正在忙于处理其他工作，就不要贸然上前打扰。

（2）时间要短

自我介绍要简洁，以半分钟左右为佳，不宜超过一分钟，特别是在众人面前的自我介绍要越短越好，可利用名片、介绍信加以辅助。

（3）态度要真诚

自我介绍态度一定要真诚、彬彬有礼。不能轻浮夸张，自吹自擂。要注视大家或对方，身姿挺立，声音洪亮，语言自然，动作不要太多、太大，同时还要表示自己也渴望认识对方的真诚情感。

（4）内容要简洁

自我介绍的内容包括三项基本要素：本人的姓名、供职的单位以及具体部门、担任的职务和所从事的具体工作。如果特别需要，可以介绍自己的兴趣爱好、性格特点、专业特色或者家庭背景等。

（5）方法要得当

进行自我介绍，应先向对方点头致意，得到回应后再向对方自我介绍。应善于用眼神表达自己的友善，表达关心以及沟通的渴望。在获得对方的姓名之后，不妨口头加重语气重复一次，因为每个人最乐意听到自己的名字。如果有介绍人在场，自我介绍则被视为不礼貌的。

2. 自我介绍的具体形式

（1）应酬式

适用于某些公共场合和一般性的社交场合，这种自我介绍最为简洁，往往只包括姓名一项即可。“你好，我叫××。”“你好，我是××。”

（2）工作式

适用于工作场合，它包括本人姓名、供职单位及其部门、职务或从事的具体工作等。如“你好，我叫××，是××公司的销售经理。”“我叫××，在××学校读书。”

（3）交流式

适用于社交活动中，希望与交往对象进一步交流与沟通。它大体应包括介绍者的姓名、工作、籍贯、学历、兴趣及与交往对象的某些熟人的关系。如“你好，我叫××，在××工作。我是××的同学，都是××人。”

（4）礼仪式

适用于讲座、报告、演出、庆典、仪式等一些正规而隆重的场合。包括姓名、单位、职务等，同时还应加入一些适当的谦辞、敬辞。如“各位来宾，大家好！我叫××，是××学校的学生。我代表学校全体学生欢迎大家光临我校，希望大家……”

（5）问答式

适用于应试、应聘和公务交往。问答式的自我介绍，应该是有问必答，问什么就答什么。

3. 自我介绍应注意的问题

（1）要分条列项，理清思路。

（2）声音洪亮，语流要连续，中间不能超过三秒。

（3）要正视观众，视线慢慢左右移动。

（4）姿态要正，两手自然下垂，稍息式站立，重心落点在一只脚上，不能左右摇晃。

（5）手势不要多，要多用单手势，尽量不用复式手势。

（6）微笑表情，不可做小动作、怪动作。

（二）介绍他人

介绍他人，通常指为彼此不认识的双方相互引见，或者把一个人引见给他人的一种介绍方式。为他人做介绍，让人与人之间拉近距离，也是展示自己社交能力的机会，是为他人服务的一种礼仪。

1. 介绍他人的礼仪

（1）介绍的顺序

将许多人介绍给一个人以及在被介绍的两方中选择对谁先进行介绍，这两种情况都应依照“尊者居后”的原则进行，如下表。

先介绍	后介绍
男士	女士
晚辈	长辈
客人	主人
未婚者	已婚者
晚到者	早到者
职位低者	职位高者

（2）介绍人

担当介绍人的角色应遵循礼仪规定，比如在一般公务交往中，介绍人应由公关礼仪人员、秘书担任；在社交场合中，介绍人则应由女主人或被介绍的双方均有一定交情者担任等。

（3）介绍的内容

在介绍他人的时候，介绍的内容应该大体与自我介绍的内容相仿：被介绍人的姓名、单位、工种。不宜把被介绍人不希望被别人了解的内容介绍出来。因此，作为第三者介绍他人相识时，要先向双方打一声招呼，让被介绍的双方都有所准备。

（4）介绍的称呼

准确恰当地称呼被介绍者，不仅有利于双方彼此的了解，也会使人产生愉悦满足的心理感受。一般说来，公务员、企业家重视职衔，学者、艺术家重视职称，老百姓重视辈分。

（5）介绍用语

为表示对他人的尊重和礼貌，介绍时多用敬辞、谦辞、尊词，比如：“请允许我为您介绍……”“请允许我来介绍，这是……”“很荣幸能介绍各位认识，这位是……，这位是……”。在一些场合，介绍有名望、有成就或地位重要的人物时，还可以恰当地运用赞美之词，如：“这位就是大名鼎鼎的企业家 ×××。”

（6）介绍的姿态

在进行“居间介绍”时的规范态势是：站立于双方被介绍者的一侧，先把身体上部略倾向被介绍者，伸出靠近被介绍者一侧的手臂，大臂与小臂呈弧形平举，手掌向上，拇指与四指分开，四指自然并拢，面部略带微笑，两眼平视被介绍者，然后眼光转向另一方。

2. 介绍他人的具体形式

（1）应酬式

适用于某些公共场合和一般性的社交场合，这种介绍也很简洁，往往只包括姓名一项即可。“这是我的 ××，叫 ××。这是我的 ××，叫

××。”

（2）工作式

适用于工作场合，它包括被介绍人姓名、供职单位及其部门、职务或从事的具体工作等。如“他（她）是我（们）的销售经理，叫 ××。”或者“他（她）叫 ××，在 ×× 学校读书。”“大家好，欢迎收看《百家讲坛》系列特别节目。我是主持人 ××。首先欢迎来到今天节目现场的中央民族大学和北京交通大学的同学们，欢迎你们。”

《平语近人——习近平总书记用典》解说词

（3）交流式

适用于社交活动中，受他人委托，给交往的双方提供进一步交流与沟通的条件。它大体应包括被介绍者的姓名、工作、籍贯、学历、兴趣等。如“他（她）叫 ××，是 ×× 学校毕业的，学的是 ×× 专业，在 ×× 工作。他（她）叫 ××，是 ×× 学校毕业的，学的是 ×× 专业，在 ×× 工作。你们都是 ×× 人（都是 ×× 一个专业的）。”等等。

（4）礼仪式

适用于讲座、报告、演出、庆典、仪式等一些正规而隆重的场合。它大体包括姓名、单位、职务等，同时还应加入一些适当的敬辞。如“各位来宾，大家好！请允许我为大家介绍 ××，他（她）曾经在（现在）×× 公司（学校）担任 ×× 工作（职务）。让我们用热烈的掌声欢迎他（她）的到来……。”“今天这期节目我们就围绕着“立德”这个主题，通过深入地解读习近平总书记一系列重要论述当中的用典，来深入地学习和领会他的关于新时代立德、修身的讲话。好，现在让我们掌声欢迎本期节目的思想解读人清华大学 ××× 教授”。

3. 介绍他人应注意的问题

（1）要先向双方打招呼，使其有思想准备。

（2）切忌把复姓当作单姓介绍。

（3）在介绍后，应给双方交谈提示话题，待双方进入话题后再适时离开或一直陪同。

二、解说

解说是对人物、画面、展品或旅游景观等进行讲解、说明、介绍的一种综合性口语表达方式。解说训练，有助于积累知识、获取知识，有利于培养快捷的反应能力、细致的观察能力和准确的口语表达能力。

（一）解说的要求

（1）吐字清楚。不拖泥带水，让人听得明明白白。

（2）语速恰当。要把握好表达的节奏，说到数字、地名、专业用语以及关键性的、难以理解的地方，要说得慢一些，有时甚至要一字一顿地说，或作必要的重复。

（3）注重表达技巧。用好重音、停连、语气等，表示强调、区分、提示，以增强表达效果。

（二）解说的分类

1. 根据表达效果来分

（1）诠释性解说

主要用于解释名称、概念的含义，概括地说明事物的某些特点，常用下定义的方法与作判断的句式。例如：

景泰蓝是一种铜瓷结合的独特工艺品。其制造历史可追溯到元朝，明代景泰年间（1450—1456年）最为盛行，又因当时多用蓝色，故名景泰蓝。景泰蓝以紫铜作坯，制成各种造型，再用金线或铜丝掐成各种花，中充珐琅釉，经烧制、磨光、镀金等工序制成。景泰蓝造型特异，制作精美，图案庄重，色彩富丽，金碧辉煌，具有鲜明的民族特色，是我国传统出口工艺品。

（2）阐明性解说

主要用于解说事物的起因、来历，对事物发生、发展的过程、原理做出具体的阐释、分析。常用举例子、列数字、作比较等方法。例如，四渡赤水战役的解说。

从1935年1月19日红军离开遵义开始，到5月9日胜利渡过金沙江为止，历时3个多月，共歼灭和击溃敌人4个师、2个旅另10个团，俘敌3600余人。在毛泽东、周恩来、王稼祥、朱德等的领导下，中央红军采取高度机动的运动战方针，粉碎了蒋介石围歼红军于川黔滇的企图，导演了一幕精彩绝伦、威武雄壮的话剧，展现了中国共产党领导人高超的军事指挥艺术，是我军革命战争史上的光辉典范。

（3）描述性解说

通过摹状、拟声、绘色等手段，把陌生的事物与抽象的道理解说得具体、生动、真切、感人。在描述中，常借助于比喻、描摹、拟人、借代等修辞手法。例如，延安宝塔的解说。

延安宝塔始建于唐代宗大历年间，距今已有1200多年的历史。现存宝塔为宋代重修，原名为“岭山寺塔”，塔高44米，塔基周长36.8米，为八角九级阁楼式砖塔。……延安成为“中共中央的所在地，抗日战争的政治指导中心，中国人民解放斗争的战略总后方”。在这里，中国人民一洗百年来反抗外来侵略的屈辱，取得了抗日战争的最后胜利，并为解放战争奠定了胜利的基础。因此，一座普通的佛塔，在人们心中成了沉沉夜空中的北斗，茫茫雾海中的灯塔。有人说：“革命在这里落脚、锤炼，又从这里出发，走向全国胜利。这儿，在地图上是个小小的点；在历史的宫殿里，是金光闪闪的明珠；在人们心中，永远是一颗指引航程的北斗星。”

延安宝塔解说

（4）谐趣性解说

用幽默、诙谐的语言使解说妙趣横生，更有吸引力。在解说中适当用些民谚俗语，或来个欲褒先贬、欲贬先褒、大词小用、双关等，或在平实的表述中点染成趣，或整段话妙语迭出，使人忍俊不禁。例如：游击战术解说片段。

现在白军强大，红军弱小，我们以弱斗强，只能采取游击战术。什么叫游击战术？简单扼要地说，就是“敌进我退，敌驻我扰，敌疲我打，敌退我追”十六个字。从前井冈山有个山大王，叫朱聋子，他和当时的统治者斗了好些年，总结了一条经验“不要会打仗，只要会打圈”，朱聋子前一句话不对，后一句是对的。我们改它一下好了：既要会打仗，又要会打圈。这样，才能歼灭敌人，使根据地不断巩固，不断扩大。打圈子是为了避实就虚，迷惑敌人。强敌来了，先领着他兜几个圈子；看出他的弱点，抓准了就打。要打得干净利落，要缴到枪炮、抓到人。打得赢就打，打不赢就走，赚钱就来，蚀本不干。

2. 根据用途来分

（1）电视解说

在电视节目中的解说，可以起到补充画面不足、调动观众的联想和想象等作用。电视解说要讲究语言的节奏、韵律、色彩、平仄处理，形成整齐回环、抑扬顿挫、优美顺畅的视听美感。解说语言要注意表述的分寸感和火候，注意感情表达的内在力量。机智幽默的语言技巧是接近观众、提高观众兴趣的重要因素。例如大型航拍系列纪录片《航拍中国》的开篇解说。

你见过什么样的中国？是960万平方公里的辽阔，还是300万平方公里的澎湃？是四季轮转的天地，还是冰与火演奏的乐章？当你像鸟儿一样离开地面，冲上云霄，结果超乎你的想象，前往平时无法到达的地方，看见专属于高空奇观。俯瞰这片朝夕相处的大地，再熟悉的景象，也变了一副模样。从身边的世界，到远方的家园，从自然、地理，到人文、历史，50分钟的空中旅程，前所未有的极致体验，从现在开始，和我们一起，天际遨游……

《航拍中国》开篇解说

（2）旅游解说

旅游解说，即对风景名胜古迹的成因、特点、有关典故进行讲解说明。在旅游中进行的解说，可以使旅游者增加对该地方的风土人情的了解，使旅游不仅增长知识，还平添趣味，给旅游者留下深刻的印象。例如井冈山革命烈士纪念碑旅游解说。

西面这组浮雕的主题是“浴血罗霄”。

在井冈山斗争时期，红军以非凡的毅力粉碎了国民党反动派的多次“进剿”和“会剿”。龙源口战斗是第一次反“会剿”中最大的战役，这座单孔石桥就是龙源口大捷的历史见证。1953年发行的3元人民币的背景图案就是这座石拱桥。浮雕上还反映了红军在黄洋界保卫战中英勇奋战的形象。

在碑座的东、西两面墙上各有一枚土地革命时期一级“八一”勋章的标志。

纪念碑的前沿还摆放了“母子”“送郎当红军”两尊塑像，寓意井冈山是革命的摇篮，是对青少年进行革命传统教育的生动课堂，也再现了当年井冈山人民支持井冈山革命的生动场面。

（3）实物或图片展览解说

在各种展览陈列会上的解说，使观众对所见事物有更全面清楚的了解。例如，日照市庆祝中国共产党成立90周年大型图片展览解说词。

本图展以“为了人民的利益”为主题，分前展区和主展区两大部分。前展区集中展现了新中国成立以来中共中央政治局常委以上领导到日照视察或接见日照英模人物、党政负责同志的事迹图片。之后设立互动区，大家可以自由查看任一部分的主要内容，并可按显示屏上的提示将某一图片任意放大或缩小。主展区按时间顺序分为八个部分，展厅当中的这排数字就是这八部分图展的历史分期，全景展示了日照党史波澜壮阔的发展历程。

（4）大型活动解说

在各种大型活动中的解说，使观众对活动的背景、内容了解得更清楚，如运动员出场解说、消防演习解说、阅兵解说等。国庆70周年阅兵开场解说片段如下。

海霞：今天是你的生日，我的中国。在这个不同寻常的节日，相信每一位中华儿女都会从心底里说一句，我爱你，中国。

康辉：70 年风雨兼程，天安门广场上的红飘带寓意着红色基因连接历史、现实与未来。

国庆 70 周年
阅兵开场解说

海霞：今天的天安门广场是世界瞩目的中心，今天的中国正前所未有地靠近世界舞台中心。

康辉：长安街上，人民军队精神抖擞，这支曾经穿草鞋，拿梭镖走上征途的队伍，现在已经拥有了自己的航母和新一代隐身战机，正阔步迈向世界一流军队。此时此刻，4 名上将，2 名中将，100 多名少将，近 15000 名官兵列队完毕，等待接受统帅的检阅，接受祖国和人民的检阅。

（5）产品解说

对一些大型、复杂的产品，简单的介绍难以使顾客深入全面地了解产品，因此，对产品进行全面的解说是很有必要的。为了激发顾客对产品的购买欲，产品解说词还可以写得有文采，有诗意。如，湖北荆门市东宝区委书记直播“带货”介绍农产品。

香菇、茶叶、麦酱、蜂蜜、铁皮石斛等 5 款特色农产品：“东宝花菇，一见如故；常吃香菇，健康幸福”“小气候产东宝茶，赶紧下单买回家”“酱香混搭着肉香，吃出了家乡味”“常吃荆条蜜，健康又美丽”“最美人间四月天，石斛仙草味美甜”……

（三）解说的步骤

（1）确定解说内容的重点和条理。要讲清“是什么”“为什么”“怎么样”。

（2）选定解说方法。可以运用多种口语修辞手段，如比喻、拟人、借代等，使解说语言生动活泼。也可以运用作比较、列数字、举例子、引材料、分类等解说方法。

（3）把握表达的基调。总体而言，解说的语言节奏平缓，语速中等或偏慢为宜。注意用停连、重音等表达技巧，突出关键字词、重点概念等。

能力提升

【活动 3.8】　社团新秀

活动要求：

模拟在新加入的社团做 1 分钟的自我介绍。

作品提示与指导

活动准备：

根据自身的特点（年龄、性别、姓名、性格以及兴趣爱好、取得的成绩等）写一份自我介绍材料。

活动流程：

1. 全班按照 6 人或 8 人为一组，围坐一圈，推荐 1 人扮演社长。

2. 本组成员共同为本组的社团取一个名称，例如：摄影社、街舞社、航模飞手社、动漫社、合唱社、篮球社……

3. 自我介绍：社长先做自我介绍，然后规定发言顺序，每人依次进行自我介绍。自我介绍做到简短、明晰，声音响亮、清晰。每人说话 1 分钟左右（120~150 字）。

4. 每小组选出代表 1~2 人，在全班展示。

5. 师生点评。

【活动 3.9】　纵横商海

活动要求：

根据以下职场情景，回答问题，然后分别模拟职场角色，开展商务接洽。

活动内容：

讯网公司李董事长、张经理、王经理助理一行三人，应邀到宏图公司参加商务谈判，在宏图公司大门等待的是赵董事长、马经理和礼宾工作人员。双方见面时，应分别由谁来做介绍？介绍的顺序是怎样的？

活动准备：

回顾和熟悉介绍礼仪。

活动流程：

1. 全班每6人一个小组。

2. 组内6人，分别扮演双方公司的人员，进行模拟见面和介绍。（介绍时握手的礼仪，参考“点睛之语”）。

3. 全班推荐一个组到讲台模拟，师生点评。

【活动3.10】 我的家乡

活动要求：

自己选择家乡的一个景点，做适当的了解。解说家乡的风景区。解说做到：

（1）态度大方，自然。

（2）声音洪亮，清晰。

（3）解说力求突出特点，给人留下深刻的印象。

活动准备：

撰写解说词。

活动流程：

1. 教师根据人数情况先分小组。

2. 每人在小组中进行解说练习。

3. 各小组代表上台进行解说训练。

4. 教师针对解说进行点评。

【活动3.11】 我的专业

活动要求：

解说自己专业的相关产品，比如计算机的某款软件、某款游戏，旅游专业的某条旅游线路，酒店管理的某项管理服务，销售专业的产品推销等。

解说做到：

（1）态度大方、自然。

（2）声音洪亮、清晰。

（3）解说力求突出专业优势，使听众对此有较全面清楚的了解。

（4）如果有条件，最好有产品实物展示配合解说。

（5）解说时间至少 3 分钟。

活动准备：

选择自己专业的相关产品，了解其特点，撰写一份解说词。

活动流程：

1. 教师根据情况分小组。

2. 小组同学共同商量拟写一份解说词。

3. 每位同学在小组中解说一次。

4. 选出小组代表。

5. 小组代表上台做示范解说。

6. 教师根据情况作点评。

【活动 3.12】　《雪山忠魂》雕塑解说

活动要求：

依据解说词对《雪山忠魂》雕塑图片进行解说，做到口齿清楚、语速适当，注重语言表达技巧，使解说生动形象、有感染力，有自己的语言风格。

活动内容：

在纪念红军长征胜利 70 周年时，中国人民革命军事博物馆展出了这座名为《雪山忠魂》的雕塑，以纪念当年在翻越雪山时牺牲的那些红军战士。其中一个卧倒在雪地的红军战士形象，就是根据刘志海的事迹创作的。

1935 年 6 月 12 日，中央红军一师四团作为全军先遣队来到夹金山下，

《雪山忠魂》雕塑

拉开了长征路上最为悲壮的“死亡行军”的序幕。夹金山主峰海拔近 5 000 米，这里白雪皑皑，雪连天，天连雪，空气稀薄，天气变化无常。当地流传着一首民谣，说“夹金山，夹金山，鸟儿飞不过，要想越过夹金山，除非神仙到人间”！红军经过数月行军到达夹金山时，粮食严重不足，战士衣着单薄，一些伤病员倒在雪地上再也没有起来。红军翻越夹金山都这么艰难，而号称第二大雪山的党岭山，比夹金山还高 1000 多米。在这里发生了一个真实的故事，那是 1936 年 2 月，红四方面军兵站部吴先恩率部翻越党岭山时，发现有许多冻僵的战友牺牲后，遗体被埋在雪里，成为道路两旁一个个、一堆堆的“雪包”。吴先恩和战友们见此情景都很难过，他们慢慢走着，希望能够找到生还的同志。就在这时，他发现有一只胳膊伸出雪堆，拳头紧握，于是连忙赶了过去，掰开这只手一看，里面是一个党证和一块银圆，党证上写着：“刘志海，中共正式党员，1933 年入党”。吴先恩含泪说道：“志海同志，你的党证和最后一次党费，一定替你转交给党。安息吧！”《雪山忠魂》雕塑，不仅记录了当年红军长征的艰难岁月，也见证了刘志海牢记入党誓言、忠诚于党的忠贞品格。

《雪山忠魂》雕塑解说

——选自红星网

活动准备：

熟悉《雪山忠魂》雕塑解说词。

活动流程：

1. 阅读《〈雪山忠魂〉雕塑解说词》，熟悉解说内容，用符号做好解说标记。

2. 练习解说，同桌指正。

3. 听示范解说录音，学习借鉴。

4. 再次练习解说，做到语言生动形象、有感染力，有自己的语言风格。

5. 全班分成每 4~6 人为一小组，每人在小组中依次展示解说。

6. 推荐部分代表在全班展示解说，师生点评。

点睛之语

介绍他人时，被介绍的双方初次相识，往往要握手。握手时要注意握手的礼仪：①一定要用右手；②时间一般为 1~3 秒；③年轻者或职务低者应稍稍欠身相握；④面带笑意，注视对方双眼。握手的顺序是主人、长辈、上司、女士主动伸出手，客人、晚辈、下属、男士再相迎握手。

第三节　演讲

学习目标

1. 了解演讲的特点和分类、演讲的组织。

2. 能按照演讲稿的设计要点和演讲的技巧进行设计和演讲，演讲做到声情并茂，感染力强。

3. 增强心理素质和应变能力，有进一步学好演讲的愿望。

《家国天下》

感知体验

请扫描二维码观看作品《家国天下》，说一说观后感。

知识积累

演讲是指在公众面前借助有声语言和态势语言，就某一问题或某一事件发表见解、抒发情感的一种口语交际活动。又称演说或讲演。在典礼上的致辞、就职演讲、竞选演说、法庭陈述、学术讲座等，都带有演讲的性质。

一、演讲的特点

（一）观点鲜明

表明自己对客观事物的看法或态度，观点表述鲜明。

（二）鼓动性强

鼓动性是演讲是否成功的一个标志。即从讲述内容、语言表达方面能层层推进，引起听众强烈的共鸣，使之思想趋同，进而产生行为的改变或强化。

（三）声情并茂

对所讲的内容一定要在“晓之以理”后“动之以情”。这个“情”是演讲者真情的流露，并用真情来带动声音的变化，在感动自己的同时感动观众，做到声情并茂。

二、演讲的分类

演讲有很多种划分方法，从演讲形式上大致可分为命题演讲和即兴演讲。

（一）命题演讲

命题演讲是指有文字依托，并经过事先精心准备而进行的演讲。命题演讲可分为两种情况：

1. 统一命题演讲

演讲者围绕所要求的主题或具体题目而进行的演讲。多用于各类演讲比赛等。

2. 自由命题演讲

不受任何限制，由演讲者自己确定内容的演讲。多用于学术交流等。

（二）即兴演讲

即兴演讲是指无文字依托、没经过事先精心准备，演讲者被当前的事物、场面、情景所感，临时组织语言而进行的演讲。又称即时或即席演讲。即兴演讲对演讲者的要求更高，更能考量出演讲者的演讲功底。如闻一多的《最后一次讲演》。

三、演讲稿的设计要点

（一）开场

演讲的开场很重要，一开场就要吸引听众的注意，激发听众对演讲者所讲内容产生浓厚的兴趣，为后面内容的展开做好铺垫。开场的形式多种多样，常见的有以下几种。

1. 开门见山

直接引入演讲内容。

2. 提问引思

通过提出问题将听众带入演讲的主题中。

3. 新颖独特

运用不常见的形式开头，给观众留下深刻印象。如运用故事、游戏、哑剧、视频等开头。时间控制在 1~3 分钟最好。

（二）主体部分

主体部分要围绕中心论点，精心选取典型案例，按照不同的方式进行层层展开，步步推向高潮。使听众产生共鸣。

1. 结构方式

（1）并列式

用不同角度、不同侧面的事例论证中心论点。

（2）递进式

用由浅入深、层层推进、最终揭示深刻主题的方法，能使事物得到由表及里的深入阐述和证明。

（3）并列、递进结合式

在并列中包含递进，或是在递进中包含并列。一些纵横捭阖、气势雄伟的演讲稿常采用这种方式。

2. 提问设计

在演讲中设计几个有效的问题，与观众产生互动，让听众参与到演讲中，对提高演讲效果非常有效。

3. 语言

表述语言准确、清晰、简洁，尽量用生活化语言，通俗易懂。可以根据主题需要对人物、环境等进行详细刻画或运用诗话的语言进行情感的渲染。具体方法有：

（1）多用简洁的短句，不用较多修饰语的长句。

（2）多用通俗易懂的词汇，不用晦涩、生僻的词语。

（3）多用流行的口头词语，少用老套的话语。

（4）多用能表现个人倾向的词汇，不要模棱两可的词语。

（5）适当使用重复，加深听众印象。

（6）适当使用简略语，使演讲简练活泼。

（7）适当使用数字，增加演讲的说服力。

（8）多用俗语，使演讲通俗活泼。

（9）多用幽默语言，使演讲通俗有趣。

（10）灵活使用多种修辞手法，使演讲生动感人。

（三）结尾

演讲稿的结尾应干脆利落，简洁有力。可以用抒情、号召的语言，或是用格言、警句、诗歌的形式结束。

四、演讲前的准备

（一）命题演讲

1. 确定演讲题目及演讲风格

题目要明确、简洁、有创意。要使人知、使人悦。如象征型、含蓄型、设问型、抒情型等。

根据演讲者自身特点确定演讲风格，可以是活泼型、沉稳型、激昂型、严谨型等。

2. 演讲稿的撰写

理解演讲主题—搜集素材和资料—写演讲稿—修改演讲稿。

3. 作品表达设计及 PPT 准备

运用语言技巧朗读演讲稿的同时设计适当的体态语，并进行背诵。同时，根据稿子内容收集相关图片、视频、音频等材料，丰富演讲内容。

4. 演练

俗话说“台上一分钟台下十年功”，要把好的演讲呈现给观众，必须经过反复的演练。

演练流程一般是：上台—行礼—问候—演讲—行礼（结束）。

上台要精神饱满，充满自信，步伐稳健，目光环视全场。开场起调一定不要太高。下台步伐平稳，要避免“得意扬扬”或“神情疲惫”。演练中可以通过录音、录像来检查练习的情况。

5. 仪容仪表

根据演讲主题及演讲者身份选择着装，演讲者着装应简洁、大方、得体，以体现自己的精神风貌和职业特色。着装包括服装款式、色彩，发式及配饰的搭配等。

6. 道具设计

在讲述中巧妙地运用一些道具，增强观众的真实感。如讲述特种兵的故事，就带上平时训练时所背的约 30 千克重的背包，感受他们完成任务的不易。小的道具可以随身带，大的道具可以陈列摆放。

（二）即兴演讲

1. 确定目标

确定所讲的中心内容，并时刻牢记这一内容，以免偏题。

2. 收集素材

凭自己的经验和现场观察（场景、对象）来组织所需材料。

3. 词汇积累

平时词汇的积累非常重要，在使用时尽量选择生动、准确、明晰的词语。即兴演讲是在不断的练习中获得经验和提高的，大胆地、经常地为自己设计演讲内容，大声地说出来吧。

五、演讲的组织

可根据实际情况和实际需求考虑以下内容。

（一）会场布置

1. 会场

根据参加者的多少确定会场的大小。如果会场大，而人来少了，就让听众靠前座。

2. 背景

制作与演讲主题相关的背景图文。如“××市××杯演讲比赛”“××

公司 × × 报告会”。

3. 设施、设备

讲桌或讲台、话筒、多媒体、投影仪、屏幕、音响等。

4. 座次安排

根据参与者、演讲者分组，摆放座次牌。

（二）人员安排

1. 主持人（1~2 人）

主持人是连接演讲者和观众的桥梁。

2. 技术人员（2~4 人）

随时处理设备出现的问题。

3. 助手（2~3 人）

随时解决会场的突发事件。

能力提升

【活动 3.13】　织衣织裤，贵在开头

活动要求：

请为下列演讲主题设计开头。

活动内容：

1. 放飞梦想，实现价值。

2. 我骄傲，我是中职生。

3. 故乡美。

4. 健康。

5. 感恩。

活动流程：

1. 全班进行分组，4~8人为一组。

2. 组内成员每人任意选择一个题目设计演讲的开头，字数在50~200字。

3. 组内依次进行交流试讲。

4. 相互提出修改意见。

【活动3.14】 编筐编篓，重在收口

活动要求：

请为《发掘人生的“闪光点”》演讲稿设计三种不同的结尾。

活动内容：

发掘人生的“闪光点”（节选）

柯歆蕾

各位同学：

大家好！

我想，大家对天才指挥家舟舟的故事应该都是耳熟能详了吧：舟舟是一名先天特殊儿童，在常人看来，他似乎只能在别人的关怀、照顾和无私帮助下度过自己的余生了。但是，幸运的舟舟在音乐中发现了自我，发现了自己的指挥天赋。他对音乐独特的理解力远远超出了普通人，他的指挥天赋是上帝在关上一扇门后，为他打开的一扇宝贵的窗，引导着他走向自我升华，走向自我完善。他通过这扇窗淋漓尽致地发挥着他的指挥天赋，他通过这扇窗获得了人们的重视与认可，实现了自己的人生价值。舟舟充分发掘了自己人生的“闪光点”——音乐指挥天赋，并让这些“闪光点”的功效发挥到了极致，这样他不仅没有成为家庭与社会的累赘，反而成了家庭和社会的骄傲。

是啊，正如舟舟那样，我们应该善于发掘自己的“闪光点”，并充分发挥“闪光点”的功效，从而实现自己的人生理想与人生价值，唯有这样

的人生，才算得上是没有缺憾的完美人生。

同学们，大家认真思考一下：如果鲁迅还在搞医学研究，中国文学历史上是否还能留下《狂人日记》《阿 Q 正传》等传世佳作？如果杨振宁还在研究实验物理，而不转向理论物理的研究，诺贝尔奖物理学家的得主名单里是否还能有他的大名？如果刘翔还在练跳高，110 米栏世界纪录名单上是否还能有一个来自中国的名字？……鲁迅、杨振宁、刘翔，他们正是充分发掘并发挥了自己的“闪光点”，才得以分别在文学、科学、体育领域创造了辉煌的业绩，赢得了国人乃至世人的爱戴与敬仰。

活动流程：

1. 全班进行分组，4~8 人为一组。

2. 每人选择一种结尾方式，设计结尾。

3. 组内依次进行交流试讲。

4. 相互提出修改意见。

5. 教师在每个小组内随机指定一位同学上台展示演讲。

6. 师生评价，教师总结。

【活动 3.15】　演讲首秀

活动准备：

阅读三篇作品，并从中选择自己喜欢的一个片段，设计好体态语，做 3~5 分钟的演讲准备。

活动流程：

1. 阅读三篇作品，感受演讲的魅力。

2. 三篇作品里选择自己喜欢的一个片段，设计好体态语，背稿。

3. 试讲。

4. 在组中演讲。

5. 教师随机指定自愿到台上对全班做演讲的两位学生，在台上演讲。

6. 师生评价，教师总结。

【活动 3.16】 《人格——最高的学位》分析

活动要求：

认真阅读《人格——最高的学位》（见 79 页），思考下列问题。

活动内容：

1.《人格——最高的学位》主体部分的设计采用了哪种形式？

2. 试分析作者演讲稿的结构。

3. 请写下文中你印象深刻的词语。

____

____

4. 请写下你认为精彩的语句。

____

____

____

____

【活动 3.17】 班级命题演讲会

活动要求：

1. 以《我爱我的专业》为主题，撰写演讲稿（600~800 字）。或自拟主题。

2. 课前分小组演讲，每组推选 1~2 名同学参加班级演讲会。

3. 根据“演讲比赛评分细则”，在班级演讲会后作评价。

4. 根据演讲比赛的组织内容，为本次演讲比赛做具体设计，并评选最佳设计。

活动流程：

1. 小组预赛。

2. 用评选出的最佳设计，布置演讲会场。

3. 班级决赛。

4. 评价。

【活动 3.18】　即兴演讲

活动要求：

1. 准备题目卡片 5~8 张，如：网络世界、明星、环保、亲情，由同学抽签决定所讲内容。

2. 全班推选或随机抽取演讲者（5~7 人）、评判组（8~10 人）。

3. 演讲时间：2~3 分钟。

活动流程：

1. 第一个同学抽题后准备 3 分钟，第二个同学在第一个同学开始后抽取题目，以此类推。

2. 评判组在演讲者讲述时做好记录（内容、语音、词汇、体态等），作为评价的依据，待全部演讲者演讲完后可开展全班性的评论活动。

作品精读：

好学若饥，谦卑若愚

斯蒂夫·乔布斯

很荣幸和大家一道参加这所世界上最好的大学的毕业典礼。我大学没毕业，说实话，这是我第一次离大学毕业典礼这么近。今天我想给大家讲三个我自己的故事，不讲别的，也不讲大道理，就讲三个故事。

第一个故事讲的是点与点。因为家庭贫困的原因，我在里德学院只读了六个月就退学了，此后便在学校里旁听，又过了大约一年半，我彻底离开。

在我旁听时，里德学院的书法课大概是全国最好的。校园里所有的公告栏和每个抽屉标签上的字都写得非常漂亮。所以我决定选一门书法课，学学怎么写好字。在课堂上，我学会了写带短截线和不带短截线的印刷字体，根据不同字母组合调整其间距，以及怎样把版式调整得好上加好。

我并不指望书法在以后的生活中能有什么实用价值。但是，十年之后，我们在设计第一台 Macintosh 计算机时，它一下子浮现在我眼前。于是，我们把这些东西全都设计进了计算机中，这是第一台有这么漂亮的文字版式的计算机。要不是我退学，我不会有时间选修书法课；要不是偶然选了这么一门课，Macintosh 计算机绝不会有那么多种印刷字体或间距安排合理的字号；要不是 Windows 照搬了 Macintosh，个人电脑可能不会有这些字体和字号。当然，我在大学里不可能从这一点上看到它与将来的关系。十年之后再回来看，两者之间的关系就非常非常清楚了。

你们同样不可能从现在这个点上看到将来；只有回头看时，才会发现它们之间的关系。所以，要相信这些点迟早会连接到一起。你们必须相信，所有事情都是点与点相连的，现在去努力做的事情，也许一时没有收获，但是可能，五年后，十年后，它会让你受益，甚至会改变你的生活。

我的第二个故事是关于得与失的。在我 20 岁时和沃兹在我父母的车库里办起了苹果公司。我们干得很卖力，十年后，苹果公司就发展成为一个拥有 20 亿元资产，4 000 多名员工的大企业。但在我刚满 30 岁那年，我因为和董事会意见相左，被解雇了，并且这件事闹得满城风雨，我甚至想过逃离硅谷。那时，我连生活重心都没有了，整个人心力交瘁。

但是，渐渐地，我开始有了一个想法，我仍热爱我过去做的一切，在苹果公司发生的这些风波丝毫没有改变这一点。我虽然被拒之门外，但我仍然深爱我的事业。于是，我决定从头开始。虽然当时我并没有意识到，但事实证明，被苹果公司炒鱿鱼是我一生中碰到的最好的事情。尽管前景未卜，但从头开始的轻松感取代了保持成功的沉重感。这使我进入了一生中最富有创造力的时期之一。

在此后的五年里，我开了一家名叫 NeXT 的公司和一家名叫皮克斯的公司，我还爱上一位了不起的女人——劳伦娜。皮克斯公司推出了世界上第一部用电脑制作的动画片《玩具总动员》，它现在是全球最成功的动画制作室。世道轮回，苹果公司买下 NeXT 后，我又回到了苹果公司，我们在 NeXT 公司开发的技术成了苹果公司这次重新崛起的核心。我和劳伦娜也建立了美满的家庭。

我确信，如果不是被苹果公司解雇，这一切绝不可能发生。失去苹果公司也许是一剂苦药，可我现在却认为苦药利于病。没有离开苹果公司的当头一棒，我不会拥有现在的公司和我深爱的妻子。因此，推开来看，一时的失去并不是指你就没有希望了，如果你不放弃，坚持不懈地努力，也许，等待你的是更大的得到。得与失并不是绝对的。

我的第三个故事是关于生与死的。大约一年前，我被诊断出癌症。医生告诉我说，几乎可以确诊这是一种无法治愈的恶性肿瘤，我最多还能活3到6个月。医生建议我回去把一切都安排好，其实这是在暗示“准备后事”，也就是说，把一切都安排妥当，尽可能不给家人留麻烦；也就是说，去跟大家诀别。

那一整天里，我的脑子一直没离开这个诊断。到了晚上，我做了一次组织切片检查，他们把一个内窥镜通过喉咙穿过我的胃进入肠子，用针头在胰腺的瘤子上取了一些细胞组织。当时我用了麻醉剂，陪在一旁的妻子后来告诉我，医生在显微镜里看了细胞之后叫了起来，原来这是一种少见的可以通过外科手术治愈的恶性肿瘤。我做了手术，现在好了。

这是我和死神离得最近的一次，我希望也是今后几十年里最近的一次。有了这次经历之后，现在我可以更加实在地和你们谈论死亡，而不是纸上谈兵，那就是：谁都不愿意死，然而，死亡是我们共同的归宿，没人能摆脱。

但每个人的时间都有限，因此，在短短的一生里，不要按照别人的意愿去活，这是浪费时间；不要囿于成见，那是在按照别人设想的结果而活；不要让别人的观点的聒噪声淹没自己的心声；最主要的是，要有跟着自己感觉和直觉走的勇气。无论如何，感觉和直觉早就知道你到底想成为什么样的人，其他都是次要的。

我年轻时有一本非常好的刊物，叫《全球概览》，创办人名叫斯图尔特·布兰德。斯图尔特和他的同事们出了好几期《全球概览》，到最后办不下去时，他们出了最后一期。那是20世纪70年代中期，我也就是你们现在的年纪。最后一期的封底上是一张清晨乡间小路的照片，就是那种爱冒险的人等在那儿搭便车的那种小路。照片下面写道：好学若饥，谦卑若愚。

那是他们停刊前的告别词。求知若渴，大智若愚。这也是我一直想做到的。眼下正值诸位大学毕业、开始新生活之际，在说完点与点、得与失、生与死后，我祝愿大家：从现在开始，看淡得失，利用生命里的每一秒钟，好学若饥，谦卑若愚。

（斯蒂夫·乔布斯“苹果”电脑创始人，1985年获得了由里根总统授予的国家级技术勋章；1997年成为《时代周刊》的封面人物；同年被评为最成功的管理者，是声名显赫的“计算机狂人”。

《好学若饥，谦卑若愚》是斯蒂夫·乔布斯2005年6月在美国斯坦福大学毕业生典礼上的演讲稿。他告诉我们成功不是偶然，不要被一时的困难所吓倒，对所遇到的困难和挫折要坦然、勇敢地面对。

亲爱的同学，也许你将来在生活中，也会遇到和斯蒂夫·乔布斯相似的情形，尝试像他那样去面对，也许下一个斯蒂夫·乔布斯就在你们当中产生。）

人格——最高的学位

白岩松

很多很多年前，有一位学大提琴的年轻人去向本世纪一位伟大的大提琴家卡萨尔斯讨教：我怎样才能成为一名优秀的大提琴家？卡萨尔斯面对雄心勃勃的年轻人，意味深长地回答：先成为优秀而大写的人，然后成为一名优秀和大写的音乐人，再然后就会成为一名优秀的大提琴家。

听到这个故事的时候，我还年少，老人回答时所透露出的含义我还理解不多，然而随着采访接触的人越来越多，这个回答就在我脑海中越印越深。

樊万豪《梦里人》

在采访北大教授季羡林的时候，我听到一个关于他的真实故事。有一个秋天，北大新学期开始了，一个外地来的学子背着大包小包走进了校园，实在太累了，就把包放在路边。这时正好一位老人走来，年轻学子就拜托老人替自己看一下包。而自己则轻装去办理手续。老人爽快地答应了。近一个小时过去，学子归来，老人还在尽职尽责地看守。谢过老人，两人分别！

靳澳《品匠人之苦，铸梦想之路》

几日后是北大的开学典礼，这位年轻的学子惊讶地发现，主席台上就座的北大副校长季羡林正是那一天替自己看行李的老人。

……

我不知道这位学子当时是一种怎样的心情，但在我听过这个故事之后却强烈地感觉到：人格才是最高的学位。

《开往春天的列车》

……

今天我们纪念五四，八十年前那场运动中的呐喊、呼号、血泪都已变成一种文字停留在典籍中，每当我们这些后人翻阅的时候，历史都是平静地看着我们，这个时候，我们觉得，八十年前的事已经距今太久了。

然而，当你有机会和经过五四或受过五四影响的老人接触后，你就知道，历史和传统其实一直离我们很近。

世纪老人在陆续地离去，他们留下的爱国心和高深的学问却一直在我们心中不老。但在今天，我还想加上一条，这些世纪老人所独具的人格魅力是不是也该作为一种传统被我们向后延续？

前几天我在北大听到一个新故事，清新而感人。

一批刚刚走进校园的年轻人，相约去看季羡林先生，走到了门口，却开始犹豫，他们怕冒失地打扰了先生。最后决定，每人用竹子在季老家门

《为中国奇迹点赞》

《传承龙舞，爱我中华》

口的土地上留下问候的话语，然后才满意地离去。

这该是怎样美丽的一幅画面！在季老家不远，是北大的博雅塔在未名湖中留下的投影，而在季老家门口的问候语中，是不是也有先生的人格魅力在学子心中留下的投影呢？只是在生活中，这样的人格投影在我们的心中还是太少。

听多了这样的故事，便常常觉得自己是只气球，仿佛飞得很高，仔细一看却是被浮云托着；外表看上去也还饱满，但肚子里却是空空。这样想着就有些担心啦，怎么能走更长的路呢？

于是，“渴望年老”四个字对于我就不再是幻想中的白发苍苍或身份证上改成六十岁，而是如何在自己还年轻的时候，便能吸取优秀老人身上所具有的种种优秀品质。

于是，我也更加知道了卡萨尔斯回答中所具有的深义。怎样才能成为一个优秀的主持人呢？心中有个声音在回答：先成为一个优秀的人，然后成为一个优秀的新闻人，再然后是自然地成为一名优秀的节目主持人。

我知道，这条路很长，但我将执着地前行。

点睛之语

演讲就是要把自己的所见所闻、所思所想有感染力地讲给别人听。在内容和表演上一定要避免假、大、空，要力求真与实，有平实的语言、典型的事例、真挚的情感、自然的演绎，才会得到听众的认可。

第四章　让你学会文学作品的表达

常有人说，练口才最好从朗读、朗诵开始。的确如此，朗读、朗诵是把文字转化为有声语言的一种创造性活动，是一种出声的阅读方式。袁鹰在《悲欢·民心》中就写道："有的高声朗读，有的低声吟诵"。由于朗读、朗诵时要求字正腔圆、语句熟练、语调语气表情达意，因而经常朗读、朗诵优秀文学作品，可以训练发音，使说话字音清晰；可以积累语言的素材，提高书面和口语表达能力；更可以让人获得思想的熏陶，情感的传递，增强民族自豪感和文化自信心。

你有自己喜欢的文学作品和朗诵艺术家吗？你是否羡慕能感染你的朗读者？你相信自己的朗读、朗诵也能生动、充满魅力吗？相信通过本章的学习，你会找到方法的。

第一节　朗读和朗诵

学习目标

1. 了解朗读、朗诵的区别，掌握朗读、朗诵的基本要求。
2. 能运用朗读、朗诵的不同，进行规范的朗读、朗诵练习。
3. 发现并感受朗读、朗诵的语言美，激发热爱经典优秀文学作品的感情。

感知体验

请阅读下面的两个小故事，回答几个问题：

1. 故事中主人公成功的共同秘诀是什么？

2. 朗读、朗诵对于我们学习和生活重要吗？为什么？

3. 你身边朗读、朗诵得最好的同学是谁？为什么？

4. 你觉得自己现有的朗读、朗诵水平怎么样？你有提高的方法吗？

（一）

在欧洲，有一位叫希伯来的德国人，据说他能在三到六个月的时间内，学会一门外语，因此人们称他为语言天才。他的语言天赋是从哪里来的呢？难道真的是上帝赏赐给他的吗？不，其实，希伯来学习语言的方法非常简单，他即使阅读相同的文章，也一遍一遍地大声朗读，一直念到深夜。就这样，他成了世界著名的语言天才。

（二）

美国前总统布什的夫人芭芭拉·布什，有一套祖传的教育秘诀，这就是家庭朗读活动。她小的时候，她的父亲经常给她朗读，她也经常给自己的子女、孙儿孙女们朗读，芭芭拉·布什被人亲切地称为“美国祖母”。布什就曾开玩笑地说自己的总统宝座源于他的家庭早期给他的朗读。已近8旬的芭芭拉仍干劲十足，她每个月都要向商界人士发表几次演讲，每次收费6万美元。她还忙于写离开白宫后的生活回忆录，每周花费几个小时去慈善机构看望需要照顾的人，其中包括“芭芭拉·布什家庭教育基金会”，继续推广她的朗读教育法。

知识积累

一、什么是朗读和朗诵

朗读，就是把书面语言（文字作品）转化为有声语言的再创作活动。从小到大，我们不知不觉地都在进行着朗读这项创作活动：一个字、一组词、一句话、一篇文章的表达都是朗读。朗读已深入到我们生活的方方面面，是我们每个人都应有的口语技能。

朗诵的朗，即声音的清晰、响亮；诵，即背诵。朗诵，就是用清晰、响亮的声音，结合各种语言手段来完善地表达作品思想感情的一种语言艺术。

二、朗读和朗诵的区别

朗读与朗诵，均是有声语言的表达艺术，二者联系密切，有很多相同之处，但也有区别，不能混为一谈。

区别项	朗　读	朗　诵
表达目的	用清晰、响亮的声音把文稿读出来，注重引起听者的准确理解和思考	在朗读基础上更注重文稿的艺术加工和处理，激发观众的情感共鸣和艺术感染力
表达文体	诗歌、散文、议论文、说明文及各种文章、书信等	选择辞美、意美、脍炙人口的诗、词等文学精品
表现形式	对声音的要求接近自然化、本色化；口语形式平实、自然；体态单一，以坐和站为主	对声音的要求是风格化、个性化甚至可以是戏剧化；口语形式生动优美；注重形体、态势、表情和眼神的和谐统一，注重艺术感染力

三、朗读与朗诵的基本要求

（一）熟悉理解作品，明确主题和感情基调

拿到一篇作品，我们首先要做的是浏览阅读，同时思考这样几个问题：这是一篇什么体裁的作品？大致讲了什么内容？作品的高潮在哪里？表达了什么思想感情？只有透彻的理解，才能有深切的感受，这是表达作品的前提。

明确作品的主题和感情基调，就是我们通常所说的语言表达的内部技巧。主题是作品的灵魂，需要反复阅读，要充分了解作品的时代背景、作者当时的思想和作品的思想内涵，如《沁园春·雪》这篇作品就以北国壮丽的雪景和对历史人物的评论，抒发了作者代表无产阶级表达豪情壮志的主题。感情基调是作品的基本情调，它通常蕴含在作品段落、语句中带感

情色彩倾向的句子中，在熟悉理解作品时，需要我们悉心观察勾画予以理解把握。如《白杨礼赞》中“难道你就不想到它的朴质，严肃，坚强不屈，至少也象征了北方的农民？”这句话就揭示了作品庄严崇敬的感情基调。同时朗读者要通过深刻、细致的感受和丰富、逼真的想象，充分调动自己的情绪、情感，激发“内心视像”产生较强烈的朗读、朗诵的愿望，才能“以情带声，用声传情”，在朗读、朗诵中准确真挚地表达作品。

（二）读准字音，熟读作品

在朗读、朗诵中要读准字音，就需要普通话语音的规范准确，即前面所讲的声母准确，韵母完整，声调、音变及语言表达方式等方面符合普通话语音的规范表达。同时熟读作品，做到字音清晰圆润，表达悦耳动听。具体表现在：

1. 注意普通话和方言在语音上的差异

例如西南地区声母的平、翘舌，边、鼻音，韵母的前后鼻韵母等容易混淆，声调普遍偏低，这些都需要我们勤查字典、加强记忆、反复练习。在朗读、朗诵练习中，不仅要注意字音的声、韵、调的规范准确，还要注意轻声词和儿化韵的学习。

2. 注意多音字、形声字和异读词的读音

多音字可以从两个方面去注意学习。第一类是意义不同的多音字，要着重弄清它在作品中不同的意义，从各个不同的意义去记住它的不同的读音。如《济南的冬天》里“济南就真得算个宝地”中的“得”，应念“dei”。第二类是意义相同的多音字，要着重弄清它的不同的使用场合。例如“谁”书面语念 shuí，口语念 shéi 等。形声字即所谓“秀才认字读半边”而闹出笑话，就是指的这种误读。例如谑（xuè）不可读成虐（nüè）、弦（xián）不可读成玄（xuán）。在普通话词汇中，有部分词的意义相同或基本相同，但在习惯上有两个或几个不同的读音，这就是“异读词”。应以 1985 年发布的《普通话异读词审音表》的读音为准。

（三）运用语言表达的基本技巧，反复朗读吟诵作品

语言表达的基本技巧即外部技巧，主要包括停与连、轻与重、快与慢和升与降。值得注意的是，各个表达技巧是相辅相成、综合运用、灵活多样的，要求我们在熟悉理解和熟读作品的基础上，用心揣摩，细致分析，将语言表达的基本技巧标注在作品中，反复朗读吟诵，直到找到最佳的诠释表达方式。在朗读、朗诵时，最好做到脱稿，将作品的内部技巧和外部技巧统一起来，才能将“真听、真看、真感受”的内在情感与不露痕迹的外在表达技巧相结合，传递朗读者丰富细致的感受和作品独特的魅力。

（四）体态得体，交流得当

在朗读和朗诵过程中，体态语是不可缺少的辅助表意手段，如站立应挺拔自信，上下场要步态轻捷、稳当。朗读的体态幅度较小，一般表现为眼神、面部表情、手势的恰当运用。朗诵的体态动作、眼神表情比朗读要丰富得多，特别是手的摆放位置和手势动作最为丰富。在舞台上时，可根据朗诵作品的表情达意，自然走动，体态应大胆到位。总之，得体、灵活、自然的体态是朗诵成功的必要条件。

能力提升

【活动 4.1】 读经典，找不同

活动要求：

1. 网络搜索并欣赏两个视频：海霞朗诵的《青春万岁》和“朗读者”中李亚鹏朗诵的《背影》，找出朗读和朗诵的不同表达方式，并注意观察记录。

2. 根据问题填写答案，和老师、同学分享你的感受。

①你参与过朗诵表演吗？在你认为适宜的答案括号里打“√”。

没参加过（ ） 参加过 1~2 次（ ） 参加过 3 次以上（ ）

②视频里朗读和朗诵表达的不同具体体现在哪里？

______

______

______

③视频里朗读和朗诵精彩在哪里？为什么？

______

______

④你朗读和朗诵这两篇经典作品的困难在哪里？还需要从哪些方面努力？

______

______

活动内容：

（一）

青春万岁

王 蒙

所有的日子，所有的日子都来吧，
让我编织你们，用青春的金线，
和幸福的璎珞，编织你们。
有那小船上的歌笑，月下校园的欢舞，
细雨蒙蒙里踏青，初雪的早晨行军，
还有热烈的争论，跃动的、温暖的心……
是转眼过去的日子，也是充满遐想的日子，
纷纷的心愿迷离，像春天的雨，
我们有时间，有力量，有燃烧的信念，
我们渴望生活，渴望在天上飞。
是单纯的日子，也是多变的日子，

浩大的世界，样样叫我们好奇，
从来都兴高采烈，从来不淡漠，
眼泪，欢笑，深思，全是第一次。
所有的日子都去吧，都去吧，
在生活中我快乐地向前，
多沉重的担子，我不会发软，
多严峻的战斗，我不会丢脸，
有一天，擦完了枪，擦完了机器，擦完了汗，
我想念你们，招呼你们，
并且怀着骄傲，注视你们！

（二）

背影（节选）

朱自清

我说道，“爸爸，你走吧。”他望车外看了看，说，“我买几个橘子去。你就在此地，不要走动。”我看那边月台的栅栏外有几个卖东西的等着顾客。走到那边月台，须穿过铁道，须跳下去又爬上去。父亲是一个胖子，走过去自然要费事些。我本来要去的，他不肯，只好让他去。我看见他戴着黑布小帽，穿着黑布大马褂，深青布棉袍，蹒跚地走到铁道边，慢慢探身下去，尚不大难。可是他穿过铁道，要爬上那边月台，就不容易了。他用两手攀着上面，两脚再向上缩；他肥胖的身子向左微倾，显出努力的样子。这时我看见他的背影，我的泪很快地流下来了。我赶紧拭干了泪，怕他看见，也怕别人看见。我再向外看时，他已抱了朱红的橘子往回走了。过铁道时，他先将橘子散放在地上，自己慢慢爬下，再抱起橘子走。到这边时，我赶紧去搀他。他和我走到车上，将橘子一股脑儿放在我的皮大衣上。于是扑扑衣上的泥土，心里很轻松似的，过一会说，“我走了，到那边来信！”

我望着他走出去。他走了几步，回过头看见我，说，“进去吧，里边没人。”等他的背影混入来来往往的人里，再找不着了，我便进来坐下，我的眼泪又来了。

【活动 4.2】 提炼主题

活动要求：

观看《青春万岁》和《背影》（节选）的精彩视频，提炼朗读作品主题，小组讨论对主题的看法，分享交流。

活动内容：

1.《青春万岁》的主题是________________

2.《背影》的主题是________________

3. 作品中体现主题的词语或句子有________________

4. 我喜欢的朗诵作品有________________

5. 主题分别是________________

作品中常用主题参考

爱国爱民	宽容理解	忆友怀旧
思乡念亲	远大抱负	乐观进取
爱护环境	敬业奉献	感恩信任
珍惜光阴	尊师重教	明理思辨

【活动 4.3】 连连写写

活动要求：

理解作品的不同感情基调，找出与感情基调相适宜的文学作品，分享展示。

活动内容：

1. 将下列文学作品与其相应的感情基调用线连接起来。

《一棵开花的树》	深沉哀伤
《背影》	明朗欢快
《荷塘月色》	英雄气概
《悯农》	淡喜淡忧
《乡愁》	寂寞伤感
《春》	怜悯体谅

2. 根据感情基调提示，写出对应的文学作品名称，体会感情基调对作品的影响。

感情基调	作　品
欢快	
忧愁	
激愤	
思念	
哀伤	
恬淡	

【活动 4.4】　“画”文章

活动准备：

白纸、彩色铅笔等多种绘画工具。

活动要求：

1. 聆听、欣赏散文朗读《春》。

2. 充分理解作品，体会作品的意境和内容，用多种绘画工具描绘作品片段景象，以表达自己对作品的理解。

3. 创作展示：请 3~5 名同学上台分享自己的作品和描述创作意图；选

出具有特色的作品，在班级展示。

4. 选取绘画片段进行朗读练习，说说现在的朗读和之前感受理解的不同之处。

【活动 4.5】 分析解读作品

活动要求：

查阅资料了解作品《水调歌头》《乡愁》的创作背景，梳理对作品的理解；聆听名家朗诵；自己尝试朗诵这两首作品；小组分享。

活动内容：

1. 分析《水调歌头》《乡愁》的主题和感情基调。

①《水调歌头》的主题和感情基调。

____

____

②《乡愁》的主题和感情基调。

____

____

2. 请写下在作品中体现感情基调的词语或句子。

____

____

3. 请写下你认为精彩的语句。

____

____

____

____

【活动 4.6】　“辨一辨，写一写，读一读”

活动要求：

请小组代表朗读作品片段，思考讨论同伴的语音及其他朗读问题，查阅字典标注正确读音后再次朗读展示。

活动内容：

1. 朗读作品，小组代表朗读展示。

它不像汉白玉那样的细腻，可以凿下刻字雕花，也不像大青石那样的光滑，可以供来浣纱捶布；它静静地卧在那里，院边的槐荫没有庇覆它，花儿也不再在它身边生长。荒草便繁衍出来，枝蔓上下，慢慢地，竟锈上了绿苔、黑斑。我们这些做孩子的，也讨厌起它来，曾合伙要搬走它，但力气又不足；虽时时咒骂它，嫌弃它，也无可奈何，只好任它留在那里去了。

——贾平凹《丑石》

2. 查阅字典，标注规范读音。

供（　）来　　浣（　）纱（　）　　捶（　）

槐（　）荫（　）　　生（　）长（　）　　花儿（　）

不再（　）在（　）　　庇（　）覆（　）　　枝蔓（　）

咒（　）骂　　繁（　）衍（　）

3. 再次朗读展示——小组评价。

【活动 4.7】　新闻播报

活动要求：

1. 查阅字典，标注易错字词并反复朗读，念准字音，注意读准多音、多义字。

2. 小组分享，选出“本组最佳播报员”代表小组展示评价。

活动内容：

稿件一：新华社北京 10 月 26 日电　10 月 26 日，2019 世界青年科学家峰会在浙江温州召开。国家主席习近平向大会致贺信。

习近平指出，当前，新一轮科技革命和产业变革蓬勃兴起。科技的未来在青年。开展科技人文交流，推动青年创新合作，是各国共同愿望。希望与会嘉宾围绕“汇聚天下英才　共创美好未来”主题，交流思想，互学互鉴，筑牢友谊基石，扎紧合作纽带，让更多青年科技人才施展抱负、成就梦想，以科技创新引领经济社会发展，共创人类发展的美好未来！

稿件二：新华社武汉 4 月 25 日电　2020 年 4 月 24 日，随着最后一位重症患者核酸检测结果转阴，湖北省所有新冠肺炎重症病例实现清零。

从一度是新冠肺炎疫情防控的最高峰一天新增 1.3 万多例，到无新增确诊病例、重症清零，医疗救治工作取得重大胜利，武汉人民和全国人民携手，从冬到春。上下同心者胜，众志成城者赢。

1. 查阅字典，标注准确读音。

浙（　）江	召（　）开	创（　）新
医疗（　）	众（　）志（　）成（　）城（　）	
重（　）症（　）	核酸（　）	新冠（　）
清（　）零（　）	新增（　）	确诊（　）
筑（　）牢（　）	扎（　）紧（　）	

2. 朗读稿件——展示互评——小组推荐“最佳播报员”。

【活动 4.8】　朗读技巧综合练习

活动要求：

1. 认真分析标注，运用恰当的表达技巧朗读下列语段。

2. 与同学交流朗读体验，并说说为什么这样进行处理。

活动内容：

我是青年（节选）

杨　牧

哈，我是青年！
我年轻啊，我的胡大！
就像我无数年轻的同伴——
青春曾在沙漠里丢失，
只有叮咚的驼铃为我催眠；
青春曾在烈日下曝晒，
只留下一个难以辨清滋味的杏干。
荒芜的秃额，也许正是早被弃置的土丘，
弧形的皱纹，也许是随手划出的抛物线。
所以我年轻——当我们回到
春天的时候，
你看看我，我看看你，
哈……我们都有了一代人的特点！

【活动 4.9】　“小小朗读会”

《声律启蒙》等5篇

活动要求：

1. 在班级开辟出朗读角，以“小小朗读会”的形式帮助同学们理解朗读、朗诵的不同，提升朗读、朗诵练习的积极性。

2. 全班同学轮流当“朗读员”，负责在“朗读角”书写朗读作品的经典句子或作品（题材不限），聆听名家朗读，根据朗读的基本要求、规范朗读，早自习、课前等在全班进行领读。

3. 每月评出班级“朗读之星”。

知识拓展：

近些年来，中央电视台推出的大气典雅的“朗读者”“新年新诗会”

等节目，将优秀经典的文学作品用朗读、朗诵的语言艺术予以生动诠释，受到观众的强烈热捧，成了一道道醒目的文化风景，经久不衰。传播的中国传统文化，树立了中华民族的民族自信和文化自信。除此之外，自 1997 年举办的“齐越朗诵艺术节”至今已走过二十多个年头了，它不仅成为播音主持艺术专业学生“用声音记录历史、用声音纪念辉煌、用声音展现风采、用声音创造明天”的艺术盛会，也成为全国各界朗诵爱好者一展风采、相互交流、学习提高的舞台。这充分说明了朗读、朗诵的深深魅力。

点睛之语

朗读和朗诵均是文学作品有声语言的表达艺术，二者联系密切，注意把握它们的区别。朗读和朗诵时的基本要求是：明确主题和感情基调；读准字音，熟读作品；准确标注语言的表达技巧，反复吟诵；体态得体，交流得当。让我们通过朗读、朗诵，让那些经典、有爱、有温度的文字鲜活起来！让优美的朗读、朗诵伴随我们一生。

第二节　诗歌朗诵

学习目标

1. 理解诗歌朗诵的含义、掌握诗歌朗诵的基本要求。
2. 能有感情地进行诗歌朗诵。
3. 发现并感受诗歌朗诵的意境美、语言美，增强对经典诗文的热爱。

感知体验

网络搜索并欣赏诗歌朗诵视频——2020 年元宵晚会诗朗诵《相信》，思考并回答下面的几个问题。

1. 这个诗歌朗诵视频是否打动了你？为什么？
2. 作品中你最喜欢哪位朗诵者的朗诵？为什么？
3. 你认为诗歌朗诵的秘诀是什么？

知识积累

一、诗歌及诗歌朗诵

诗歌是文学中的一个大类，起源于劳动时的呼叫和节奏，是最早出现的文学形式。它是一种分行排列，采用最简练的语言、最鲜明的形象，驰骋最丰富的想象，表达最饱满的感情，具有高度概括和丰富想象，最适合朗诵的文学体裁。诗歌有多种分类方式，按内容和表达方式可分为抒情诗和叙事诗；按语言格式可以分为格律诗和自由诗；按体裁可分为寓言诗、童话诗和散文诗等。本文主要以格律诗和自由诗为例。

诗歌朗诵是深受广大人民群众喜爱的一种表现形式，特别是朗诵中华经典诗词，对于传承和弘扬中华民族优秀传统文化，提升公民素质修养和推动社会和谐有着重要意义。

二、诗歌朗诵的基本要求

（一）理解作品，把握风格

对于诗歌朗诵来说，要想恰如其分，感染、吸引人，必须深入分析，理解作品的思想内容，把握作品的风格。风格是作品总的态度感情，总的色彩和分量，任何一篇作品，都会有一个统一完整的风格基调。究竟如何才能充分理解和把握诗歌风格呢？可以先从体裁上入手，是古体诗、近体

诗还是现代诗？作者是谁？写作的背景是什么？诗歌表达的主题或风格是什么？如苏轼的《水调歌头》，全词的风格是浪漫乐观的；曹操的《观沧海》的风格是苍凉慷慨、悲壮激昂的。再如《周总理，你在哪里》这篇作品属于著名的抒情诗，和前两首诗歌风格不同，那么朗诵时的表现方式也就不同。这篇作品的感情把握要深情一些。“我们的好总理 | 你在哪里呵 | 你可知道 | 你的人民想念你 | 我们对着高山喊：周总理——”（重音强调）处理可以虚拟一点，太实了反而不好。“山谷回音 | 他刚离去 | 他刚离去”（处理较轻）。

所以说，各种诗的朗诵方法也有不同。需要分别对待，分别做细致的理解分析，紧扣体裁和内容，把握风格，才能决定声调和方式怎样来表达。

（二）充满想象、倾注情感

诗歌具有高度集中的艺术概括，它通过抒发浓烈的感受和情绪来表达内容，有的诗人说，“没有情就没有诗”，这是十分中肯的。有些情感从字面上可以清楚地看出，有些情感则蕴藏在文字的后面，需要运用丰富的想象，认真地去分析、挖掘、理解、感悟和体会诗歌，同时运用语言的表达技巧来处理和表达诗歌蕴含的深刻感情。

如格律诗《锄禾》：“锄禾日当午，汗滴禾下土。谁知盘中餐，粒粒皆辛苦。”反复吟诵，我们可以得出诗歌的“情”表现在对农民终年辛勤劳动的愤懑和同情。自由诗《黄河颂》，作品以奔腾浩瀚的黄河为象征，歌颂中华民族，表现了激昂、坚定、奔放的情感。

（三）把握节奏，讲究韵律

诗歌不同于其他文学形式，它既具有可视性，又具有可听性，这种可听的特点就是来自诗歌的韵律和节奏之美。现代诗歌在这些方面的要求虽然不像古代诗歌那样严格，但仍不能将它完全摒弃，著名诗人金波先生曾说“即使是自由诗，在节奏、韵脚上，也要坚持一定的格律，否则就是“散文化”（不是“散文美”）了。

1. 把握节奏

郭沫若在《论节奏》一文中指出：节奏于诗是她的外型，也是她的生命。诗歌的节奏是声音的抑扬顿挫、轻重缓急的回环往复，是由朗诵内容决定的思想感情的波澜起伏造成的。诗歌常以两个或三个音节为一个节奏单位，一般用停顿来表现节奏。我国古代的绝句和律诗，吟诵时有相应的节奏要求，如五言诗一般按 2+3 或 2+1+2 的节奏，如“愿君｜多采撷”或“愿君｜多｜采撷”，七言诗一般按 4+3 或 2+2+3 的节奏，如“无边落木｜萧萧下”或“无边｜落木｜萧萧下”。

现代诗歌和词，在字数和形式上要自由一些，它们的节奏有利于把诗人的感情充分表达出来，具有对比性和多变性，因此现代诗歌和词在节奏上的划分，主要是按照语意或词、词组来划分，以不读破句为前提。单个的词或意思紧密的词组就是一个节奏，如果拆开读，听起来就不连贯，影响情感表达。如流沙河所著诗歌《理想》里“饥寒的｜年代里，理想｜是｜饱”，“饥寒的”“年代里”“理想”都是固定的词组，划分的节奏是显而易见的。

把握诗歌节奏需要注意的是：第一，诗歌朗诵时，为了句意及层次结构可以再细化节奏，整首诗节奏也是可以有变化的，这样使诗歌显得更有起伏之感、顿挫之美，而不是全部用一个节奏读完。第二，无论古体诗还是现代诗或是词，要注意节奏部分一般运用停连、轻重、快慢相结合的朗诵技巧，做到“声断气连”，用轻微的拖腔表示即可。如：

相　思

王　维

红豆｜生｜南国，　　春来｜发｜几枝？

2　1　2　　　　2　1　2

愿君｜多｜采撷，　　此物｜最｜相思。

2　1　2　　　　2　1　2

登　高

杜　甫

风急 | 天高 | 猿啸哀，　　渚清 | 沙白 | 鸟飞回。

2　　2　　3　　　　2　　2　　3

无边 | 落木 | 萧萧下，　　不尽 | 长江 | 滚 | 滚 | 来。

2　　2　　3　　　　2　　2　　1　1　1

2. 讲究韵律

鲁迅就曾说过：“诗中的韵脚，如大厦之有柱石。此处不牢，倾折立见。”由此可见，诗歌十分讲究韵律。诗歌的韵律主要体现在押韵上，一般是每一句诗歌的最后一个音节，这也称为韵脚。朗诵诗歌时要注意“显韵”，即在韵脚上的字尽量突出，不仅可以让诗歌朗朗上口、悦耳动听，而且也可以让诗歌结构浑然一体、完整统一。

把握诗歌韵律需要注意的是：第一，不管是格律诗还是自由诗，不可夸张处理和过分强调韵脚，只需稍拉长语气、稍加重音量或重音轻读即可。第二，韵脚的呼应还要同语气和诗歌中具体运用表达相结合，不必逢韵就扬。如：

投身革命即为家，（iā）
血雨腥风应有涯。（iá）
取义成仁今日事，
人间遍种自由花。（uā）

——陈毅《梅岭三章》之三

春天在我的心上荡漾，（yàng）
春天在弯弯的小路徜徉；（yáng）
春天的风筝驮着一片阳光，（guāng）
春天的脚步总是那么匆忙。（máng）

——王宜振《初春》

能力提升

作品提示与指导

【活动 4.10】 解读诗歌

活动要求：

1. 查阅诗歌写作背景；运用丰富的想象理解诗歌，分析思考、小组讨论下列问题。

①《天净沙·秋思》的写作背景是________________________________

____

感情基调是____

②《我为少男少女歌唱》的写作背景是__________________________

____

感情基调是____

2. 反复朗诵练习并在班级展示。

活动内容：

天净沙 · 秋思

马致远

枯藤老树昏鸦，

小桥流水人家，

古道西风瘦马。

夕阳西下，

断肠人在天涯。

我为少男少女们歌唱

何其芳

我为少男少女们歌唱

我歌唱早晨，我歌唱希望，

我歌唱那些属于未来的事物
我歌唱那些正在生长的力量。
我的歌呵，你飞吧，
飞到年轻人的心中
去找你停留的地方。
所有使我像草一样颤抖过的
快乐或者好的思想，
都变成声音
飞到四方八面去吧，
不管它像一阵微风
或者一片阳光。
轻轻地从我琴弦上
失掉了成年的忧伤，
我重新变得年轻了，
我的血流得很快，
对于生活我又充满了梦想，充满了渴望。

【活动 4.11】 划划读读

活动要求：

请划分下列诗歌的节奏，找出诗歌中的韵脚和重音，与小组同学分享你找出的节奏韵律，朗诵展示。

活动内容：

早发白帝城

李　白

朝辞白帝彩云间，
千里江陵一日还。
两岸猿声啼不住，
轻舟已过万重山。

囚　歌（节选）

叶　挺

为人进出的门紧锁着，
为狗爬出的洞敞开着，
一个声音高叫着：
爬出来吧，给你自由！

七律·长征

毛泽东

红军不怕远征难，万水千山只等闲。
五岭逶迤腾细浪，乌蒙磅礴走泥丸。
金沙水拍云崖暖，大渡桥横铁索寒。
更喜岷山千里雪，三军过后尽开颜。

【活动 4.12】　学一学，练一练

活动要求：

综合运用诗歌朗诵的基本要求，小组讨论填写《沁园春·雪》朗诵设计表，小组代表分享填写的朗诵的表达术语和体态设计，并说说填写的理由，朗诵练习，班级展示评价。

活动内容：

《沁园春·雪》朗诵设计表

诗歌内容	朗诵表达设计	体态设计
北国风光，千里冰封，万里雪飘。		
望长城内外，惟余莽莽；大河上下，顿失滔滔。		
山舞银蛇，原驰蜡象，欲与天公试比高。		

续表

诗歌内容	朗诵表达设计	体态设计
须晴日，看红装素裹，分外妖娆。		
江山如此多娇，引无数英雄竞折腰。		
惜秦皇汉武，略输文采；唐宗宋祖，稍逊风骚。		
一代天骄，成吉思汗，只识弯弓射大雕。		
俱往矣，数风流人物，还看今朝。		

【活动 4.13】 深入品诵

活动要求：

1. 网络搜索并欣赏诗歌朗诵视频——央视元宵晚会上白岩松、欧阳夏丹、水均益等带来的诗朗诵《你的样子》。

2. 小组讨论分析诗歌朗诵的情境、节奏和韵律，模仿诗歌朗诵，小组合作展示。

活动内容：

你的样子（节选）

白岩松

您看到了吗
还有来到武汉才三天
就剪掉了自己一头长发的河北护士肖思孟
“90 后”的你
也许正引领着这个春天最时尚的发型
在这场战役当中
我们看到了太多冲在最前方的你的同龄人

原来“90后”这么快就长大了
当我们想鼓励武汉人的时候
武汉人却用一种特别的方式
鼓励了我们
大年初三晚上8点　安静的武汉
突然打开了那么多扇窗户
在国歌和《我和我的祖国》的旋律中
在这个自发约定的大合唱里
也许我看不清你的样子
可特殊时期　就让他们有这一次表达吧
因为它让我们看到了　武汉人的样子
乐观团结　相信明天

爱是不会忘记的
就像抗击疫情的经验和教训
不会忘记一样
还有永远不会忘记的
就是你的样子
你的样子，就是中国的样子
明天我也是你
你什么样，中国就什么样
加油，中国！
加油，每一个中国人！

《短歌行》
等6篇

【活动4.14】　“踏诗起舞，让梦飞翔”经典诗歌朗诵会

活动准备：

小组自选经典诗歌一首；服装、视频、音频、道具等小组自行准备。

活动要求：

1. 朗诵人数不限，形式可 1 人独诵、2 人合诵或小组集体朗诵。

2. 脱稿朗诵；语音清晰、标准；感情表达贴切充沛；体态语及音视频辅助到位。

3. 规则建议：活动推选主持人 1 名或 2 名；5~10 人为一组；朗诵时间 3~5 分钟；活动评出“最佳朗诵小组”。

点睛之语

英国哲学家培根曾说：读史使人明德，读诗使人灵秀。经典诗词是中国优秀传统文化最好的载体，诗歌饱含着作者的思想感情与丰富想象，语言凝练而形象性强，具有鲜明的节奏、和谐的音韵。在诗歌朗诵中应注意：理解作品，把握风格；充满想象，倾注情感；把握节奏，讲究韵律。让我们在真情实感，抑扬顿挫的诵读声中，让经典诗词中的文字美、意境美慢慢融入心灵深处。

第三节　散文朗读

学习目标

1. 掌握散文朗读的基本要求。
2. 能分析作品，有感情地朗读散文。
3. 发现并感受散文朗读的意境美、语言美，增强对优秀散文作品的热爱。

感知体验

网络搜索并欣赏朗读者节目的视频——斯琴高娃《写给母亲》，思考回答下面的几个问题。

1. 散文朗读中为什么朗读者、主持人和观众都流泪了？

2. 这篇散文朗读中，最打动你的是什么？

3. 你觉得散文朗读和诗歌朗诵有什么区别？

知识积累

一、散文及其特点

散文是与诗歌、小说、剧本等并列的文学样式，是在题材、内容上极为广阔，在表现形式、表现手法上极为自由的一种文学体裁。它的特点是“散而不乱”“散而有致”“形散神聚”。所谓“形散”，是指材料可以古今中外，天南地北；结构灵活多样，不拘一格。所谓“神聚”，是指立意深远，主题集中。与诗歌相比，散文的抒情是在不露痕迹中缓缓溢出的，更具有一定的难度。

二、散文朗读的基本要求

（一）理解感受，聚焦主题

散文偏重于主观感受，真情实感被视为散文的生命。拿到一篇散文，应充分理解感受作者的写作初衷，这个初衷指的就是散文的主题，无论是叙事散文还是抒情散文，都涉及用主题思想这根红线把各个材料串联起来，因此在朗读中首先要细心体味，充分感受，把握散文的主题。例如秦牧的散文《社稷坛抒情》，散文内容可谓是既“广”又“博”，然而，尽管它天上地下、古今中外、包罗万象，却始终围绕着“歌颂赞美养育我们的土地和创造我们伟大民族文化历史的劳动人民”这一主题思想。

（二）读清脉络，读出感悟

散文，强调“形散神聚”，“神”是主题，“形”是脉络。在朗读散文时，首先要让自己进入到作品中，抓住散文思想感情发展的脉络，在朗读散文时，其内容先说什么，后说什么，怎样过渡，怎样衔接，都要读清楚。同时散文非常强调感悟，是对事物的特殊意义和美的发现，是散文的思想、意味之本，是散文主题在内容上的充分体现，因此在朗读中应运用语言表达的基本技巧，将感悟读出来，才能很好地把握散文“形散神聚”的特点。如杨朔的《荔枝蜜》，朗读时脉络由一开始因为小时候被蜜蜂蜇不喜欢蜜蜂，到喝到荔枝蜜萌发对蜜蜂的好奇，再到蜂场的参观进一步了解蜜蜂，通过这些脉络发出这样的感悟：“蜜蜂是渺小的；蜜蜂却又多么高尚啊！”

（三）语调自然，表达朴实

散文，有侧重叙事的，有侧重抒情的，有侧重说理的，叙述、描写、议论、抒情，多种手法都会碰到，朗读时应根据散文体裁，语言要灵活多变，用自然清晰的声音朗读，同时我们应用接近于生活的口语，就像与听众在促膝谈心一样，表达要尽力做到亲切、朴实。一般来说，语速不要太快，语调要自然，语流要流畅，这样才能将散文的理解感受、主题、脉络和感悟予以充分表现。

作品提示与指导

能力提升

【活动 4.15】 辨一辨，练一练

活动要求：

1. 认真揣摩下列散文中的语句的感情和表达，和小组同伴分享你的看法。

2. 标注加点字的正确读音，将相应朗读技巧的符号标注在句子中。

3. 反复朗读，展示互评。

活动内容：

1. 我爱月夜，但我也爱星天。从前在家乡七、八月的夜晚，在庭院里纳凉的时候，我最爱看天上密密麻麻的繁星。望着星天，我就会忘记一切，仿佛回到了母亲的怀里似的。

纳（　）凉（　）　　　　似（　）的

2. 我不禁一颤：多可爱的小生灵啊！对人无所求，给人的却是极好的东西。蜜蜂是在酿蜜，又是在酿造生活；不是为自己，而是为人类酿造最甜的生活。蜜蜂是渺小的，蜜蜂却又多么高尚啊！

不禁（　）　　一颤（　）　　生灵啊（　）

酿（　）蜜　　高尚啊（　）

【活动 4.16】　学一学，练一练

活动要求：

1. 朗读《和时间赛跑》，将标注词语的正确读音写出来。

2. 将朗读符号标注在作品中，仔细揣摩作品表达的感情，和同伴分享你的理解。

3. 结合朗读技巧，反复朗读练习，展示互评。

活动内容：

和时间赛跑（节选）

林清玄

“什么是永远不会回来呢？”我问。

“所有时间里的事物，都永远不会回来了。你的昨天过去了，它就永远变成昨天，你再也不能回到昨天了。爸爸以前也和你一样小，现在也不能回到你这么小的童年了；有一天你会长大，你也会像外祖母一样老；有一天你度过了你的所有时间，也会像外祖母永远不能回来了。”爸爸说。

爸爸等于给我一个谜语，这谜语比课本上的“日历挂在墙壁，一天撕去一页，使我心里着急”和“一寸光阴一寸金，寸金难买寸光阴”还让我感到可怕；也比作文本上的“光阴似箭，日月如梭”更让我觉得有一种说不出的滋味。

时间过的飞快，使我的小心眼里不只是着急，还有悲伤。有一天我放学回家，看到太阳快落山了，就下决心说：“我要比太阳更快回家。”我狂奔回去，站在庭院里喘气的时候，看到太阳还露着半边脸，我高兴地跳起来，那一天我跑赢了太阳。以后我常做这样的游戏，有时和太阳赛跑，有时和西北风比赛，有时一个暑假的作业，我十天就做完了。那时我三年级，常把哥哥五年级的作业拿来做。每一次比赛胜过时间，我就快乐得不知道怎么形容。

着（　）急　　一寸（　）　　光阴（　）

似（　）箭　　如梭（　）　　滋（　）味

着（　）急　　露（　）着

【活动 4.17】 散文品读

活动要求：

1. 在网络上搜索并观看第四届中国语文朗读大赛高中组特等奖获得者李烁玥朗读的作品《父亲写的散文诗》。

2. 标注朗读技巧符号，模仿散文朗读，练习展示。

活动内容：

父亲写的散文诗

许　飞

一九八四年庄稼还没收割完

女儿躺在我怀里睡得那么甜

今晚的露天电影没时间去看

妻子提醒我修修缝纫机的踏板

明天我要去邻居家再借点钱
孩子哭了一整天啊　闹着要吃饼干
蓝色的涤卡上衣痛往心里钻
蹲在池塘边上给了自己两拳
这是我父亲日记里的文字
这是他的青春留下
留下来的散文诗
几十年后　我看着泪流不止
可我的父亲已经　老得像一个影子

"一九九四年庄稼早已收割完
我的老母亲去年离开了人间
女儿扎着马尾辫跑进了校园
可是她最近有点孤单瘦了一大圈
想一想未来我老成了一堆旧纸钱
那时的女儿一定　会美得很惊艳
有个爱她的男人　要娶她回家
可想到这些我却不忍看她一眼"
这是我父亲日记里的文字
这是他的生命留下
留下来的散文诗
几十年后我看着泪流不止
可我的父亲已经老得像一张旧报纸
旧报纸那上面的故事就是一辈子

《少年中国说》等6篇

【活动 4.18】 “百花齐放”散文朗读会

活动准备：

小组自选优秀散文一篇；服装、视频、音频、道具等小组自行准备。

活动要求：

1. 朗读人数不限，形式可 1 人朗读、2 人合读或小组集体朗读。

2. 小组自行决定是否脱稿；语音清晰标准；感情表达自然真挚；体态语及音视频等辅助到位。

3. 规则建议：活动推选主持人 1 名或 2 名；5~10 人为一组；朗读时间 3~5 分钟；活动评出“最佳朗读”小组。

点睛之语

散文取材范围很广，往往融古今中外、天南地北于一炉，篇幅不长，形式自由。散文朗读常常时而倒叙联想，时而感情激发，时而侃侃议论。在散文朗读时，应准确把握：①理解感受、聚焦主题；②读清脉络、读出感悟和语调自然、表达朴实。让散文朗读的感情在真挚中抒情叙事，让表达在自然中耐人寻味，返璞归真。

第四节　故事讲述

学习目标

1. 掌握故事讲述的基本要求。
2. 准确恰当且富有感染力地进行故事讲述。
3. 发现并感受故事讲述的有趣和生动。

感知体验

在网络上搜索并欣赏故事讲述视频：陈铭讲述——《火神山十天建成的真相》，思考回答下面的几个问题。

1. 这个故事分别讲述了哪几个小故事？

2. 讲述中让你印象最深刻的是什么？为什么？

3. 故事讲述和诗歌朗诵、散文朗读有什么不同？

知识积累

一、故事的含义和分类

故事是文学体裁的一种，侧重于事件发展过程的描述，强调情节的生动性和连贯性，富有吸引力和感染力，较适于口头讲述。故事的分类可根据想象与现实的区别分为常人体故事与非常人体故事。

二、故事讲述的特点和作用

故事讲述与诗歌朗诵、散文朗读最大的不同是注重角色形象的塑造；善于运用比喻、拟人、通感、对比、夸张等，能够将表达的内容说得生动、具体、形象，给人以鲜明、深刻的印象。

故事讲述能够迅速打破隔阂，迅速引起共鸣，简单清晰地阐述一个观点。不管是童话寓言故事还是生活故事，它常用假托的故事或自然物的拟人手法来说明某个道理或教训，让读者体会、领悟，从中获得启发教育，特别受大众的欢迎。丹尼尔·平克在《全新思维》中，也将“故事力”奉为决胜未来的六大核心能力之一。

三、故事讲述的基本要求

（一）明确中心，讲出层次

故事讲述前应明确作品要表达的中心思想，再根据情节变化划分出讲述的层次，让讲述更加清晰、明了。如故事《一明一亮的灯》围绕忽明忽暗的灯光，讲述了几个小朋友团结友爱，最终战胜自我，揭开谜团的故事。可根据故事中心划分为三个层次：第一次上楼，小晴被吓跑（爸爸不在家，妈妈也不在家，……“兰兰，兰兰，你快来！”）；第二次上楼，小晴和兰兰被吓跑（兰兰是小晴的好朋友，……灯暗了，吓得一起往外逃。）；第三次上楼，终于真相大白（小晴和兰兰又找来一个好朋友——虎娃，……“谁叫你们胆子小，谁叫你们胆子小！”）。因此，拿到一篇故事，反复阅读理解，明确故事的中心，讲出故事的层次是讲好故事的前提。

（二）大胆想象，合理设计

故事通常在写作上运用了拟人、象征等手法，在表达时要进行大胆想象。作品提供的场景、线索，甚至用词都要仔细揣摩和体会，无论常人体和非常人体的故事，都可以结合生活，充分感受，否则很难达到声情并茂的效果。如《猴吃西瓜》就不能单纯地认为那是“猴”的行为，其实是我们现实生活中各种性格人物的再现，我们从“小毛猴”“断尾巴猴”就能看出作者的良苦用心。

我们对故事进行分析、想象后，就要对角色形象、动作、语言等进行合理设计，特别是可以抓关键词汇和故事线索，用声音塑造角色，用声音去表现不同角色的性格、身份、年龄等。而我们每人只有一副嗓子，如何去表现呢？我们不要求声音“形似”，而是抓住人物特征，要求声音的“神似”。如《胆小先生》的题目就揭示了胆小先生“胆小”的线索，为表现胆小先生的胆小，他的形象就应显得矮小，声音就要变得无力，声音尖细，音量较小；老鼠虽小，但在故事里却似能主宰人的命运，飞扬跋扈，得寸进尺，在表现老鼠时我们就应昂首挺胸，声音洪亮粗大，以凸显老鼠的高大无比。

（三）生动讲述，形体造型

讲述故事时，语言表达的生动是故事讲述的关键。在讲述时，应分清叙述语言、人物对话语言和议论性语言，需要灵活恰当地运用音量、音色、情绪、语势语调的变化等。在叙事时，语言表达形象、生动、鲜明，颇具动感；对揭示寓意的议论，语言表达应显沉稳，引人深思，以达到画龙点睛之效。如《狼和小羊》的故事结尾有这样一句话："人们存心要干凶恶残忍的坏事情，是很容易找到借口的。"应用启发性的口吻，较慢、偏实的声音来表达。另外，人物对话语言要夸张，如《猴吃西瓜》中表现老猴的倚老卖老可用略沙哑、低沉，带颤抖、不连贯的声音，这样方能达到绘声绘色，娓娓道来讲述故事的目的。

形体造型包括体态、手势、表情、眼神等非语言因素，讲述生活故事时应注意态势语表情动作和形体区别于舞台表演，应自然、大方、优美、贴切，不宜过多，否则会喧宾夺主，削弱表达效果。

四、故事讲述的准备

（一）设计好开头，引人入胜

都说"好的开始等于成功的一半"，故事讲述的开头尤为重要。无论是童话、寓言故事还是生活故事，均可根据需要进行精心设计。如《猴吃西瓜》可直接提问"小朋友们，你们吃过西瓜吗？知道西瓜怎么吃吗？"《火神山医院十天建成的真相》一开头就说"朋友，给你十天时间你可以做什么？"等这样的故事开头能紧密联系生活，甚至和观众互动，较强烈地引起观众聆听的兴趣。

（二）二次创作，脱稿讲述

当我们选择好故事材料后，不要马上开始练习，由于时间的限制和故事篇幅的不同，我们需要根据个人的表现特点对故事文稿进行二次改编，即二次创作。二次创作建立在对故事稿的熟悉上。首先，修改的程度根据故事的长短和讲述者的特点而决定，在不改变故事原有情节的基础上，围绕故事的中心把故事的内容进行删减或情节的润色来丰富故事内容。其次将故事稿中的书面语修改得口语化，运用口语化的方式讲述。再次对讲述技巧从表到里不断推敲把握，反复演练直至脱稿讲述，才能达到生动讲述和打动观众的目的。

作品提示与指导

能力提升

【活动 4.19】 辨一辨，练一练

活动要求：

1. 认真揣摩下列寓言故事的主题、声音和形象造型。

这则寓言故事的主题是____________________

狼的角色特点____________声音特点____________

东郭先生的角色特点____________声音特点____________

2. 将相应朗读技巧的符号标注在句子中，和同伴讨论讲述故事，展示并互评。

活动内容：

东郭先生牵着毛驴在路上走。毛驴驮着个口袋，口袋里装着书。

忽然从后面跑来一只狼，慌慌张张地对他说：“先生，救救我吧！猎人快追上我了，让我在你的口袋里躲一躲吧。躲过了这场灾难，我永远忘不了你的恩情。”

狼在口袋里说：“先生，我可以出去了。”东郭先生就把它放了出来。狼伸伸腰，舔舔嘴，对东郭先生说：“我现在饿得很，先生，如果找不到东西吃，我一定会饿死的。先生既然救了我，就把好事做到底，让我吃了你吧！”说着，就向东郭先生扑过去。

——《东郭先生和狼》节选

【活动 4.20】　学一学，练一练

活动要求：

1. 阅读《老鼠开会》这篇寓言故事，运用所学仔细揣摩分析故事主题、内容和角色，根据例子填写下表。

角　色	性格及声音特点

2. 做上相应故事讲述技巧符号，反复朗读，展示互评。

活动内容：

老鼠开会

有一群老鼠住在墙洞里。在这一群老鼠中间，有三只最大的老鼠：一只叫灰耳朵，一只叫白胡子，一只叫黄尾巴。他们常常从洞里溜出来偷东西吃。

可是在这间屋子里住着一只大花猫。这是一只很凶猛的大花猫。老鼠们出来偷东西，一不小心，就要被大花猫捉住。已经有好几只老鼠被大花猫捉住吃掉了。老鼠很怕这只大花猫。

有一天晚上，这三只大老鼠叫大家来，开了一个会。黄尾巴第一个站起来说："唉！弟兄们！咱们现在过的日子多么可怕呀！昨天夜里，我走到厨房，正想偷一点剩饭吃，那只可恶的大花猫，突然从桌子底下窜出来！要不是我逃得快，早就没命了。唉！可把我吓坏了。"

接着，白胡子站起来说："是呀，是呀，我有好几次差点让它捉住了。

真是一只可恶的大花猫，咱们一定要想个办法把它赶走才好。”灰耳朵听了，立刻跳起来大声地说：“兄弟们，白胡子大哥说得对，咱们一定得想个办法把大花猫赶走。我想：咱们大伙儿一起出去咬它，咬不死它，也得把它吓跑。”可是黄尾巴摇摇头说：“不行，不行！大花猫的胆子可大啦，咱们出去，还不是白白地送死！”

灰耳朵一听，吓呆了：“那……那怎么办呢？要是不想个办法把它赶走，咱们住在这间屋子里，日子怎么过得下去呀？”这时候，白胡子摸着胡子想了想，说：“有了！有了！我想出个好办法来了。咱们找个铃铛儿，把它拴在大花猫的脖子上，那么，大花猫一走路，就会丁零当啷地响起来。咱们听见响声，赶快就逃，它就捉不住咱们了。”

大伙儿听了，都拍着脚爪说：“好办法，好办法，真是好办法！就这么办，给大花猫拴上铃铛儿，往后就再也用不着怕它了。”黄尾巴忽然大声叫起来：“弟兄们！请大家安静一点。这个办法挺好，可是，谁去把铃铛儿拴在大花猫的脖子上呢？”大伙儿一听，都不说话了，你看看我，我看看你。

黄尾巴问白胡子：“白胡子大哥，你去好吗？”白胡子连忙摇摇头说：“哎哟！我可不能去！我是个瘸子，跑不快。还是叫个手脚灵活的去吧。”黄尾巴又问灰耳朵：“灰耳朵弟弟，你很机灵，你去吧！”灰耳朵也连忙摇摇头说：“哎哟！我也不能去！我也不能去！上次我差点儿没让大花猫捉住；尾巴尖上的伤还没有好，现在还疼呢。”黄尾巴听了，生气地说：“哼！这个也不去，那个也不去，谁把铃铛儿拴到大花猫的脖子上去呀？”

这时候，谁也不作声，一个跟着一个悄悄地都溜走了。黄尾巴看看大伙都走了，也连忙翘着尾巴钻到洞里去。

【活动 4.21】 我的故事讲给你听

活动要求：

1. 在网络上搜索并欣赏下面两个故事讲述的视频，回答几个问题。

①刘媛媛讲述的《寒门贵子》

②央视主持朱广权讲述的《战“役”故事》

《寒门贵子》的故事主题是________________________________

《战“疫”故事》的故事主题是____________________________

《寒门贵子》的故事线索是________________________________

《战“疫”故事》的故事线索是____________________________

2. 在故事文稿上做上相应的讲述技巧符号，反复讲述练习。

活动内容：

寒门贵子

刘媛媛

我想问问在座的各位，有哪一些是觉得自己出身普通，要想出人头地只能靠自己的？前些日子有一个在银行工作了十年的资深的 HR（人力资源管理师）他在网络上发了一篇帖子叫《寒门再难出贵子》，意思是说在当下我们这个社会里面寒门的小孩他想要出人头地想要成功比我们父辈的那一代更难了，这个帖子引起了特别广泛的讨论，你们觉得这句话有道理吗？

先拿我自己说，我们家就是出身寒门的，我们家都不算寒门，我们家都没有门。我现在想想我都不知道当初我爸跟我妈那么普通的一对农村夫妇，他是怎么样把三个孩子，我跟我两个哥哥从农村供出来上大学、上研究生的。我一直都觉得自己特别幸运，我爸跟我妈都没怎么读过书，我妈连小学一年级都没上过，她居然觉得读书很重要，她吃再多的苦也要让我们三个孩子上大学。

我一直也不会拿自己跟那些比如说家庭富裕的小孩做比较，说我们之间有什么不同，或者有什么不平等，但是我们必须要承认这个世界是有一些不平等的，他们有很多优越的条件我们都没有，他们有很多的捷径我们也没有，但是我们不能抱怨，每一个人的人生都不尽相同，有些人出生就含着金钥匙，有些人出生连爸妈都没有。人生跟人生是没有可比性的，我们的人生是怎么样完全决定于自己的感受，你一辈子都在感受抱怨那你的一生就是抱怨的一生，你一辈子都在感受感动那你的一生就是感动的一生，你一辈子都立志于改变这个社会那你的一生就是斗士的一生。

英国有一部纪录片叫《人生七年》，片中访问了十二个来自不同阶段的七岁的小孩，每七年再回去重新访问这些小孩，到了影片的最后就发现富人的孩子还是富人，穷人的孩子还是穷人，但是里面有一个叫尼克的贫穷的小孩，他到最后通过自己的奋斗变成了一名大学教授。

可见命运的手掌里面是有漏网之鱼的，而且现实生活中寒门子弟逆袭的例子更是数不胜数，所以当我们遭遇到失败的时候，我们不能把所有的原因都归结到出生上去，更不能去抱怨自己的父母为什么不如别人的父母，因为家境不好并没有斩断一个人他成功的所有的可能。当我在人生中遇到很大困难的时候，我就会在北京的大街上走一走看着人来人往，而那时候我就想“刘媛媛，你在这个城市里面真的是依无所依，你有的只是你自己，你什么都没有，你现在能做的就是单枪匹马在这个社会上杀出一条路来。”

这段演讲到现在已经是最后一次了，其实我刚刚在问的时候发现了我们大部分人都不是出身豪门的，我们都要靠自己，所以你要相信，命运给你一个比别人低的起点是想告诉你，让你用你的一生去奋斗出一个绝地反击的故事，这个故事关于独立、关于梦想、关于勇气、关于坚忍，它不是一个水到渠成的童话，没有一点点人间疾苦，这个故事是有志者事竟成，破釜沉舟，百二秦关终属楚，这个故事是苦心人天不负，卧薪尝胆，三千越甲可吞吴。

【活动 4.22】 微故事讲述

活动要求：

1. 在网络上搜索并观看视频：《开讲啦》——英雄机长刘传健的故事讲述。

2. 选取一个最打动你的细节部分，将原 11 分钟的故事讲述稿二次创作，改编创作成 5 分钟的故事稿。

3. 故事讲述—分组展示—互评提高。

【活动 4.23】　故事创作

活动要求：

1. 在网络上搜索并观看视频：2019“讲好中国故事”创意传播大赛特等奖视频《城市的温度》。

2. 根据下列提示，小组合作创作故事文稿，讲述并展示。

故事的主题是________________________________

故事讲述中的人物角色有________________________

故事情节的发展脉络是__________________________

【活动 4.24】　“经典故事汇”

《狐狸和乌鸦》等 6 篇

活动准备：

小组自选喜欢的故事一个；服装、视频、音频、道具等小组自行准备。

活动要求：

1. 小组选 1 名代表进行故事讲述。

2. 脱稿讲述：语音清晰标准；故事讲述生动有感染力；体态语及音视频等辅助到位。

3. 规则建议：活动推选主持人 1 名或 2 名；5~10 人为一组；讲述时间 3~5 分钟；活动评出“最佳讲述”小组。

点睛之语

每个故事本身就是一部宏大的英雄史诗；讲述是一种传播过程，更是一种分享过程；文字—故事—智慧—灵魂互为表里，相辅相成。故事讲述的基本要求是：明确中心，讲出层次；大胆想象，合理设计；生动讲述，形体造型。

每个人都拥有值得讲述的宝藏，而当你把自己的故事讲给予你心灵相通，或能理解和欣赏你的人时，你也就赋予了宝藏真正的价值。

第五节　剧本朗读

学习目标

1. 掌握剧本朗读的基本要求。
2. 准确恰当且富有感染力地进行剧本朗读。
3. 发现并感受剧本台词的语言张力和声音魅力。

感知体验

网络搜索并欣赏视频——北京人民艺术剧院话剧《茶馆》剧本朗读会和央视节目《故事里的中国》的《烈火中永生》剧本围读会，思考并回答下面的几个问题。

1. 你觉得视频里的剧本朗读会和你想象的有什么不一样？
2. 演员陈数和刘烨的剧本朗读怎么样？最打动你的是什么？
3. 剧本朗读和诗歌朗诵、散文朗读、故事讲述有什么区别？

知识积累

一、剧本朗读的含义和分类

剧本朗读，简单说就是把剧本朗读出来，是通过朗读剧本来展现剧情、用语言塑造人物形象、以表演者的声音能力为依据和主要表现手法来诠释作品的一种形式，是一种新的文学阅读方式。我们在中学语文课上的分角色朗读剧本选段就是最简单的剧本朗读。与其他的文学形式的朗读不同的是，剧本在开头一般会交代剧本背景，包括人物、地点和时间等，但并不是所有剧本内容都要朗读出来。剧本朗读的内容包括人物对话、内心独白和旁白叙述。

剧本朗读主要分为两种：一种是没有观众，主要为了演员熟悉剧本和人物，为进入正式的排练状态做准备的朗读；另一种面向观众的剧本朗读会，是一种演出形式，这样可以对戏剧进行简洁有力且更直接的宣传。

二、剧本朗读的特点和作用

（一）具有较强的语言表现力和一定的观赏性

剧本朗读虽不是戏剧作品的最终呈现，但它也具备了一定的观赏性，有时也可以作为一种独立的剧本最终呈现的方式。这种创作虽然集中在对台词的处理和表达上，以朗读为主，也可以辅之以面部表情和肢体动作，融入情感，具有较强的语言表现力和一定的观赏性。

（二）注重角色声音的塑造和提升语言的行动力

没有观众的剧本朗读，虽然没有舞台布置、灯光等辅助，但是并不影响编剧和导演对剧本的呈现、演员的表演，因为剧本朗读只有演员的声音，无论是走位还是语调、表情，剧情的起承转合等的构想，反而有可能更加放飞编导的想象力。

（三）易于接受观众反馈，促进剧本成熟

剧本朗读不是剧本的最终目的，但有时却可以作为一种独特的呈现方式或演出形式。很多戏剧作品以台词为主，强调剧本的文学性。因此某些条件下，剧本朗读是一种非常有意义、值得推广的戏剧活动。

三、剧本朗读的基本要求

（一）理解揣摩，想象创造

剧本极富戏剧性，剧本情节主要依托人物对白和台词，因而剧本朗读的第一步还是要反复阅读揣摩剧本，比如这是什么类型的剧本？剧本的角色都有谁？剧本的主要情节是什么？表达了什么主题和感情？总之让剧本人物、情节在脑海里不断浮现，形成连续活动剧本画面甚至戏剧冲突的高潮，并不断引发朗读者相应的态度、感情，就像“过电影”一样，这就是前面讲过的语言的“内部技巧”。只有理解和想象创造，才能不断了解故事背景，并根据剧本建立角色生活环境和人物关系网，找到自己跟角色交叉的点，即感同身受，想象创造出剧本原著的主要精神和艺术美感，这是台词、人物内心独白准确传达的前提和基础。

（二）锤炼台词功底，增强语言感染力

剧本朗读虽未运用多种舞台表现手法，但把握好台词部分，也就基本把握了整个剧本。好的台词会给人带来一种难忘的心灵震撼。只有把人物的台词揣摩透彻了，才能更准确地把握人物的内心世界，追寻故事情节。

要锤炼台词功底，首先就需要找出台词、内心独白的个性、心理依据，不但要了解角色说什么，更要了解为什么要这样说。北京人艺前院长濮存昕曾说：“台词有三个层次：一是要大声说话；二是要说清楚、说懂；三是要让台词在舞台上好听。”这形象说明了台词的基本要求。台词表达声音要洪亮，但也不是大声嘶吼，要根据剧本朗读的场地情况来决定声音。另外，台词中最为重要的就是语言表达的逻辑重音，要注意停顿和连接，

节奏把握，语调快慢、高低、长短、强弱、虚实，突出传达剧本的感情。

（三）用声音塑造角色，传达作品的真情实感

剧本朗读突出的要求还表现在朗读者把控声音的能力怎样，也就是独具个性的声音魅力。这需要看朗读者塑造角色的声音的情况怎么样、差异性有多大。比如，既可以用声音表演成年人，也可以用声音表演儿童。演员声音的不可复制性也是剧本朗读中值得欣赏的地方，在剧本朗读中还需要表达者必须有娴熟和精湛的技艺，使自己模拟剧本人物的音色、语气，注意人物语速、语调，这样才能传达出剧本的真情实感，做到“言如其人”。比如早期配音演员童自荣，现在的刘杰、石斑瑜、季冠霖等都是塑造角色的高手。

（四）准确把握叙述语言

剧本中的叙述语言一般是交代剧本的背景语言或者旁白，应与人物语言有所区别，一般运用朗读者的自然声区，语言表达自然流畅。同时，叙述语言也应随叙述的内容的不同而变化，用声音的高低、敏感、语气、语调体现叙述的环境、情节。

能力提升

作品提示与指导

【活动 4.25】　解读剧本朗读活动

活动要求：

1. 在网络上搜索并观看视频片段《剧本朗读是什么神仙活动》。

2. 记录视频中剧本朗读的环节和作用，填写下列问题，小组讨论分享。

视频中的剧本朗读会的环节有______________________________

____

剧本朗读前的热身活动的作用是________________________________

____

【活动 4.26】 电影独白模仿秀

活动要求：

1. 在网络上搜索并观看电影视频片段《滚蛋吧！肿瘤君》独白选段。

2. 认真揣摩下列剧本的背景、人物心理活动状态，填写下列问题，和同伴交流分享。

剧本背景是____

主人公的情绪转换是由____________________________到____________，再到____

情绪转换的几句关键台词是____

____

3. 将相应朗读技巧的符号标注在句子中，反复朗读练习。

活动内容：

嗨！各位，你们在这里看到我是不是非常惊讶！但是我看不到你们的表情，觉得有点怪怪的。我的葬礼，不要哀乐不要纸花不要鲜花，不要眼泪……算了，这已经是第五遍了，因为真的不知道开头应该说些什么。我一想到吧，你们在我的葬礼上又得看见我，有一种阴魂不散的感觉，我就特别想笑。对不住各位，还是没挺住。不过想想呢，以后留在你们心中，永远都是我三十岁的样子。以后我们在天上见的时候，我看起来比你们都年轻，想到这点我还是挺知足的。我现在是不是特别符合音容宛在这个成语。谢谢爸爸妈妈，谢谢老郑、艾米、小夏，还有我所有的朋友。陪我走完最后这一段，我是我们所有人当中，唯一一个跟死神亲密接触过的人。所以我现在有权指点你们的人生了，我这趟列车已经到站了。但是你们还没有。一定要好好的，精彩的，继续活下去。要记住爱和被爱是这个世界上最重要的事情。要永远坚持，我也没有离开你们，只是换了一种方式继续活在你们生命里。最后，在生活中遇到什么过不去的事情的时候。在心里面默念熊顿的名字三遍，我一定会在天上赐予你们力量。

【活动 4.27】　剧本台词朗读

活动要求：

1. 查阅剧本的背景，认真揣摩下列人物的台词和声音特点。

2. 将相应朗读技巧的符号标注在句子中，反复朗读，展示并互评。

活动内容：

（一）

屈原：风！你咆哮吧！咆哮吧！尽力地咆哮吧！在这暗无天日的时候，一切都睡着了，都沉在梦里，都死了的时候，正是应该你咆哮的时候，应该你尽力咆哮的时候！

尽管你是怎样的咆哮，你也不能把他们从梦中叫醒，不能把死了的吹活转来，不能吹掉这比铁还沉重的眼前的黑暗，但你至少可以吹走一些灰尘，吹走一些沙石，至少可以吹动一些花草树木。你可以使那洞庭湖，使那长江，使那东海，为你翻波涌浪，和你一同地大声咆哮啊！

——《雷电颂》

（二）

“朕现在是越来越清楚了，大清的心头之患不在外边，而是在朝廷，就是在这乾清宫！就在朕的骨肉皇子和大臣们当中，咱们这儿烂一点，大清国就烂一片，你们要是全烂了，大清各地就会揭竿而起，让咱们死无葬身之地呀！想想吧，崇祯皇帝朱由检，吊死在煤山上才几年哪？忘了！那棵老歪脖子树还站在皇宫后边，天天地盯着你们呢！”

——《康熙王朝》

【活动 4.28】 剧本台词大秀

活动要求：

1. 在网络上搜索并观看《恋爱中的犀牛》视频。

2. 认真揣摩下列剧本任务的台词、情绪状态和声音表现，将每个自然段人物的台词和相应情绪状态连线。

第一层	筋疲力尽
第二层	心如死水
第三层	泛起涟漪
第四层	歇斯底里

3. 对照前面朗读指导中的情绪状态、朗读技巧，反复朗读，小组展示并互评。

【活动 4.29】 经典剧本独白模仿秀

活动要求：

1. 在网络上搜索并观看视频“朗读者”节目——胡歌演绎《哈姆雷特》片段。

2. 认真揣摩下列剧本的台词、人物声音塑造，标注朗读技巧。

3. 对照剧本朗读赏析，反复朗读，展示并小组互评。

活动内容：

生存还是毁灭，这是一个值得考虑的问题；默然忍受命运的暴虐的毒箭，或是挺身反抗人世的无涯的苦难，通过斗争把它们扫清，这两种行为，哪一种更高贵？

死了；睡着了；什么都完了；要是在这一种睡眠之中，我们心头的创痛，以及其他无数血肉之躯所不能避免的打击，都可以从此消失，那正是我们求之不得的结局。

死了；睡着了；睡着了也许还会做梦；嗯，阻碍就在这儿：因为当我们摆脱了这一具朽腐的皮囊以后，在那死的睡眠里，究竟将要做些什么梦，那不能不使我们踌躇顾虑。

人们甘心久困于患难之中，也就是为了这个缘故；谁愿意忍受人世的鞭挞和讥嘲、压迫者的凌辱、傲慢者的冷眼、被轻蔑的爱情的惨痛、法律的迁延、官吏的横暴和费尽辛勤所换来的小人的鄙视，要是他只要用一柄小小的刀子，就可以清算他自己的一生？

——《哈姆雷特》

【活动 4.30】　对白精彩·朗读对对碰

活动要求：

1. 在网络上搜索并观看节目“声临其境”的系列视频。

刘琳《红樱桃》

万茜《唐山大地震》

韩雪、张含韵《后妈茶话会》

贾乃亮、韩雪《都挺好》

2. 填写配音中人物及声音的特点。

刘琳配音的人物是__________，声音特点是__________________

万茜配音的人物是__________，声音特点是__________________

韩雪配音的人物是__________，声音特点是__________________

张含韵配音的人物是________，声音特点是__________________

贾乃亮配音的人物是________，声音特点是__________________

3. 用配音秀 App 选取台词配音练习。

4. 课后收集喜欢的影视台词经典，展示分享。

【活动 4.31】　“有声有戏·经典剧本”朗读会

活动准备：

小组自选经典剧本一个；服装、视频、音频、道具等小组自行准备。

《蚊子与狮子》等五篇

活动要求：

1. 小组认真揣摩剧本的主题、台词、声音和形象造型，根据剧情需要进行剧本朗读表演。

2. 小组自行决定是否脱稿；语音清晰标准；剧本朗读生动有感染力；音视频等辅助到位。

3. 规则建议：活动推选主持人 1 名或 2 名；5~10 人为一组；朗读时间 3~6 分钟；活动评出“最佳剧本朗读”小组。

知识拓展：

剧本朗读由来已久，是古希腊史诗戏剧的经典演出形式，作为文学的戏剧，不像诗歌、散文、故事那样，有些内心的声响、灵魂的动作，唯有戏剧方能为之。剧本朗读在西方文艺复兴时期盛极一时，20 世纪至今“读剧活动”在法国、美国、日本等国家非常受欢迎，在中国台湾已举办了三届“国际读剧节”。与传统话剧相比，由于对场地、服装、妆容、道具没有更多的要求，大众易于接受和参与，极大地满足了一批有表演欲的民众，已经演化成了一种文艺表演样式。

点睛之语

剧本朗读是让人物身临其境地讲话，将人物内心活动同场景效果、布景的描绘紧紧地联系在一起，产生强烈的戏剧效果，意蕴深厚，发人深省，耐人寻味。剧本朗读的基本要求是：理解揣摩，想象创造；锤炼台词功底，提升语言外部技巧；用声音塑造角色，传达作品真情实感；准确把握叙述语言。让我们在经典剧作的朗读中，把对生活和世界的认知，原原本本地释放出来，追寻戏剧的魅力。

第五章　如何成为一个会说话的人

我们每个人都希望自己是一个会说话的人，在任何场合、任何人面前都能侃侃而谈、言简意赅、辞达意合，都能简洁准确地表达自己的所思、所想与所感。并且，让听的人愿意听，听得明白、听得懂我们的意思，认同或接受我们的思想情感或观点，达成我们与人交流的目标。几乎每个人都在为此而努力，很多人甚至终其一生都在追求这样的境界。

我们是用语言思考的动物，脱离了语言的思考是很难想象的。有人说，一个人语言的边界就是思考的边界，所以，语言的训练其实是思考的训练。

在这一章里，让我们一起来尝试着从不同的角度训练自己，提高我们的说话能力和思考能力，让我们的说话变得更有力量，早日找到我们所追求的说话的理想境界。

第一节　会说话就要会思考

学习目标

1. 理解掌握“会说话”所必需的内在思维逻辑，以及需要思考的不同维度。

2. 能分析出他人说话的内在逻辑，理解思考对于说话的重要意义。

3. 逐步养成自己在说话前梳理思维逻辑的习惯。

感知体验

《我是歌手》

观看视频：《我是歌手》孙楠临时退赛引轩然大波，汪涵实力救场。

体会在极端情况下“会说话”所能发挥的巨大力量，思考其内在的说话逻辑。

知识积累

语言是思考的工具，也是思考的外在呈现。所谓的会说话其实是会思考，所以，思考的训练是说话训练的第一步。分析别人说话的思维路径和方法，也是我们学习和检验自己思维的一条捷径。

把话说好，需要考虑方方面面的因素。归纳起来，我们或许可以把这些思考变成这样几个问题问自己：

（1）我是谁？我在对谁说话？

（2）我说的这些话是真的还是假的？有没有事实依据？

（3）我说的话希望达到什么样的效果？这样说有没有用？

这几个问题的有效思考，应该可以帮助我们打开“会说话”的大门。

一、做一个有趣的人，你说的话自然就有趣

1. 保持好奇心，你会很有趣

你或许对这个世界、对社会、对他人关心的事知之甚少，但是，请保持关注和了解的好奇心，对自己陌生的话题、不了解的领域，不排斥、不逃避，你就会是一个人群中有趣的人。建议在人群中说话时多用这样的句式：“……诶？！有趣也！”

2. 身段柔软善于自嘲，你会很有趣

善于自嘲，允许他人开善意的玩笑，不要动不动就反唇相讥，一个自尊心刀枪不入的人是众人眼中最无趣的人。

3. 善于借力，借鉴他人的有趣，你就会很有趣

善于借鉴更多有趣的人和事物，平时有意识积累挖掘这个世界更多有趣的现象。常用句“最近我听说一件有趣的事……”

二、如何把“性格内向”变成说话的优势

每个人都可以找到让自己舒服也让别人舒服的说话之道。如果你性格内向，你可以这样做：

1. 寻找优势

很多人以为，“性格内向”是“会说话”的天敌，是一个彻底的劣势，其实不然。认真想想，在很多情况下，嘴笨有时候会显得很可爱；而且，在某些当众说话的场合，如果你勇敢地向他人承认自己内向，往往容易赢得听者的帮助；还有，内向会显得比较专注，这恰好符合专业人士的人设，会为你先入为主地赢得好感。

2. 勇于自嘲

通过自嘲，承认自己的内向，缓解紧张，获得听者的同情。其实内向这个“缺点”是听众最容易接受的。化解紧张最有效的办法就是把令你紧张的原因摆上台面。

3. 建立专业形象

用最实在的数据和事实建立信任，让内向帮助你建立自己的专业形象。先让别人信任，再让别人喜欢你讲的内容。一心一意，专注取胜。由小见大。从自己真正关注、最有真情实感的细节出发，引申到主题，在自己最喜爱、最擅长的领域给听者留下深刻的印象。把大家的关注点引到自己最熟悉的小事上来。相信你真心喜欢的事物一定有打动人心的力量。

三、寻找话题的技巧

1. 寻找共同点

陆游曾说，“汝果欲学诗，功夫在诗外”。要想有一次成功的谈话，事前的功课必不可少。与人见面之前，一般最好先了解对方的性格特点、

兴趣爱好等，最重要的是寻找你们之间的共同点，例如可能是“老乡”、“校友”、有共同认识的人、都喜欢某部电影等，总之可以成为或避免成为交谈的话题。比较适合的开场语是“噢！原来你也……”

2. 细心观察

即使没有时间提前做功课，依靠现场的观察也可以快速找到话题。例如观察对方目光关注的东西一般也就意味着对方的兴趣点所在，环境摆放的物品、衣着配饰等，都可能衍生出合适的话题。

3. 万能话题

目前热门社会话题，抛砖引玉，引发谈机。还可以求助、提问引出话题。

四、转移话题的技巧

1. 发现信号

一般在谈话中出现以下情况时，就是该及时调整话题的时候了。例如：敷衍、礼貌性沉默，附和性的微笑，客套话，你发出的主动性讨论得不到明确回应等，就是转移话题的时机。

2. 绕过“险滩”

（1）双方出现冲突争议的端倪时，转移话题是一个很好的规避冲突的方法。

（2）伤人的话题不要继续。例如，“考试成绩如何？年终奖发了多少？你为什么还没有男朋友？”都是最好不要继续的话题。

能力提升

【活动 5.1】 当我们说话时，我们在想些什么！

活动要求：

以小组为单位，反复观看视频，对照下面分析文章，梳理其说话的逻辑思路，发现并归纳其中的思考方式。

活动过程：

1. 观看视频，寻找相关的分析文字。

《汪涵实力救场》

有文章分析道：首先，出现了事故，确定事故责任与大小。其次，话题过渡，将观众所有目光吸引到主持人身上。再次，在得知问题严重性的同时，立即提出应变方案。最后，迅速组织语言，稳住观众，为制作组留出时间应对。

《我是歌手》第三季总决赛直播现场，孙楠临时宣布退出总决赛第二轮竞演，汪涵紧急救场，临危不乱，体现出一个主持人的专业素养，堪称播音主持界的教科书。

2. 梳理汪涵说话的提纲，并用思维导图的方式呈现出来：考虑了哪些方面的人和事？全部说话的逻辑推进是怎样的？最后达成的目的是什么？

3. 你准备向小组同学介绍这个案例，拟订一个讲话的逻辑提纲。

4. 按照你所拟订的提纲，向小组同学介绍这个说话案例。

【活动 5.2】　听他到底说的啥！

活动要求：

仿造前面对汪涵救场话语的分析，分析别人的话语中传达的真实意图。

活动内容：

1. 老师出示录音：《见字如面》第二季第九期，何冰朗读。

《见字如面》

2. 全班认真听录音，并做记录，用思维导图的方式整理出这段话的逻辑演进关系及表达的核心内容。

3. 以小组为单位，查阅背景资料以及相关人物故事，逐一分析这段话的逻辑以及所要表达的真实意图，特别是背后的意思。

4. 以小组为单位分别向组内同学介绍这封书信的内容。

拓展资料：

这封信既是向您告白也是向您告别

——嵇康写给山涛　约公元 263 年

嵇康谨启：

您曾经赞赏我的辞官归隐，我也总把您当作知音。所以我就奇了怪了，您怎么还是觉得我想当官，您这是从哪儿听说的呢？年前我从河东回来，显宗和阿都都跟我说，是您提议让我接替您掌管人事的位置，这件事办不成不说，它还证明了您从来就不是我的朋友。您处事灵活，见人说好话，很少有批评；我性格憨直，心眼儿又小，很多事情看不惯，咱俩能成朋友纯属偶然，听到传闻说您要提拔我，我就预感到不是好事。就担心您当着厨子，不愿意一个人做饭，非要拉着祭司越俎代庖给您帮厨，把神器弄得又脏又臭，所以我给您写这封信，说说为什么不行。

过去读书，总是有人在兼济天下的同时又能善守其身。我当时不信，现在信了。老子、庄子当的都是小官。孔子赶过大车，许由住过山洞。仰望星空，这都是实现了抱负的先哲。他们的行为方式不同，却是殊途同归各依本性行事，都找到了自己的位置。

我很小就没了父亲，母亲和哥哥骄纵我，正经的书我就没读过，性情懒散、筋骨无力、肌肉松弛，头发和脸十天半个月不洗一次，要不是特别的闷痒绝不洗澡，撒泡尿都得忍到膀胱发胀才起身去解决。骄纵的日子长了就生成了孤傲散漫的个性，行为简慢无礼，这副又臭又硬的德行，能被朋友们宽容只是因为不计较罢了。这就像那些鸟兽小的时候加以驯化，要是长大了才去管束，必定是乱踢乱踹、宁死不屈。你就是金镳玉辔锦衣玉食，它还是更迷恋山林和草原。在阮籍嘴里从不会说别人的不好，这一点我就比不了他。他至性过人却从不伤人，只是爱喝点酒，被疾恶如仇的正人君子诟病，要不是大将军护着早就完了。我没有阮籍的天资，却有无礼散漫的毛病，又不通人情、不懂潜规则，遇事不知谨慎，偏爱畅所欲言。让我去处理公务，天天鸡飞狗跳，想不出事都不可能。

再说，人伦有礼朝廷有法，对我而言，官场有七大受不了、两大过不去。我喜欢睡懒觉，当了官每天都要被催着起床，这是一大受不了；我喜欢弹琴作诗，郊野垂钓，当了官得有一帮人盯着不能乱跑，这是第二大受不了；你上班不得正襟危坐，腿麻了也不能摇晃吗？我身上虱子还多，老得去挠，要让我穿着正装去见领导，这是第三大受不了；我就没写过公文，又讨厌公文，当官事情多，各种公文堆满一桌子，不处理失职，都处理伤身，这是第四大受不了；我不喜欢吊丧，但人情呢又特别重视吊丧，你不去吧人家有意见，你去吧自己又不愿意，这是第五大受不了；不喜欢的人，你也得共事，饭桌上喧闹刺耳、环境污浊，各色伎俩成天就在你眼前表演，这是第六大受不了；我没什么耐心，一旦当官公事繁杂，部门工作你得操心，人情世故你得考虑，这是第七大受不了。

让我当官啊，还有两大过不去。我经常攻击周公、孔子所代表的正统思想，要是在官场上管不住嘴被人传了出去，那是主流价值观没法接受的，这是第一大过不去；我脾气暴躁看不惯就说，碰上事就火，这是第二大过不去。

以我狭隘的心胸加上这九大隐患，要我去当官，不是被杀死就是被气死，我能活得了几天呀我？人与人相知，贵在了解彼此的天性，然后成全对方。您看那直的木头不可以做成轮子，弯的木头不可以做成椽子。您不能自己觉得官帽好看，就非得给别人戴上；自己觉得腐臭肉好吃，就非得给凤凰吃死耗子吧？您执意骚扰我不过是想为朝廷物色人物，满足琐事之需而已，世上的人都爱荣华，如果您看到有人独自远离并能由衷赞赏，那么您就是我的朋友，可以无话不谈。如果您的兴趣是想带着我共谋前程，伴随为官分享快乐，您真要是这么逼我，我一定会发疯的，没有深仇大恨是做不出这种事的。

山野之人，觉得晒太阳最快乐，吃芹菜最香甜。想把这些献给皇上，心是好心，但您用错了地方。希望您别做这种事，这封信，既是向您告白，也是向您告别。

嵇康谨启

——《见字如面》节目

【活动 5.3】 用故事画出一个真实的我

活动要求：

找几位你身边的朋友采访一下，问问他们："若想到我，第一个想到的会是与我有关的哪件事？"记录下朋友的答案。

活动过程：

1. 用如下格式记录你采访来的故事。

故事场景：____

故事人物、梗概：____________________________________

结论：大家认为，我是一个____________的人。

2. 独自练习，把这个故事完整讲述一遍。

3. 练习"自我介绍"，尝试把这个故事放进去。

【活动 5.4】 让自己的名字变成名片

活动要求：

初次见面，如何让别人记住自己呢？最好的话题和方法莫过于让别人记住自己的名字。那么，怎样做才能让自己的名字变成一张让人过目不忘的"名片"呢？

活动内容：

1. 跟父母聊聊，当时给你取名时是有什么样的期盼、寓意或典故？或者你的名字是否跟族谱用字、长幼排序等相关联？记下这些信息，再查找一下相关资料，让自己名字变成一个妙趣横生的故事。

2. 若没有找到更多的故事，那就从名字的字形笔画读音入手，找出让人过耳不忘的理由。例如：“您好，我叫程 ×，程是前程似锦的程，后鼻韵，不是前鼻韵的耳东陈哦！”

3. 从自己的姓氏入手，上网查一查姓氏的来由，以及家族迁徙、历代名人等，形成一段介绍自己姓名的文字，熟记并练习。

点睛之语

会说话其实是会做人。说话中的思考，指的是在交谈时懂得考虑对方以及周围人的感受和需求，懂得预判自己说话的实际效果，以使自己这个人以及说出的话被他人有效地接受。

第二节　会说话就要会聆听

学习目标

1. 理解聆听在对话中的意义，掌握相应的反馈技巧。
2. 能运用主动式聆听的反馈技巧。
3. 养成说话时主动聆听并及时给予对方反馈的习惯。

感知体验

1. 看看下面这段对话，分析一下他们为什么几句话就聊不下去了呢？

甲：吃了吗？
乙：吃了，你呢？
甲：我也吃了。

岳云鹏爆笑相声小段

乙：哦。

完毕。

2. 一起来听一段相声，特别观察并记录捧哏演员说了些什么，在对话中主要起了什么作用。

知识积累

我们都很怕尬聊，但是如何才能将谈话愉快地进行下去呢？一个好的聆听者就是优质互动的前提。事实上聆听的实质不在于听者如何接收信息，而是在于如何在互动中巧妙地鼓励对方继续说话，这是言语沟通时非常重要的技能。

主动式聆听，就是让我们如何在对话中建立与对方的信任关系，从而成为一个受欢迎的聆听者。主动式聆听的技巧如下。

1. 善用反馈

无声反馈：点头；凝视对方。

有声反馈：表示肯定“对！没错！”表示疑问“后来呢？……”表示感叹“喔！太棒了！”表示确认“哦，原来如此！”传达质疑“真的假的？”表示在认真听“嗯嗯！”

在具体的语境中，这些方法的运用需要因人而异适当调整。

2. 适时重复

双方交谈过程中，一层意思表达结束后，听者及时归纳对方上一段话的要点，然后重复一遍对方的说话要点，就是适时重复。这样的重复往往是以这样的句式开头的：“哦，我理解你说的意思就是……”

例子 1：从博物馆回来，王同学对着张同学兴奋地说：“哇，你不知道，今天的汉代画像砖展览太棒了！有一副四川博物院的……，还有一副甘肃博物馆的……”，等王同学介绍了好几个博物馆的展品，张同学说：“真的吗？也就是说，这次展览把全国大部分同类型文物都集合到一起了？”

例子 2：请大家扫描二维码听这段音频，比较直观地体会一下适时重复在具体谈话语境中起到的重要作用。

音频

3. 寻找共鸣

在交谈过程中，不断发现对方特别关注的地方，用提问或者其他方法引出双方都感兴趣的话题方向。例如，前面那个例子深入下去。张同学：“唉，你刚才提到的那幅伏羲女娲画像砖，多用在汉代人的棺椁外面，那你说汉代人为什么喜欢这样做呢？跟他们的丧葬习俗或生死观念是不是有关呀？”

熟练地运用这些技巧，可以使我们的谈话更加愉快顺畅。但是，这也要求我们在与人说话时专注投入，并且不断提高自己的理解归纳能力。

能力提升

【活动 5.5】　我来当捧哏

活动要求：

两人一组，学说小段相声，轮流体验捧哏演员的台词，说说与我们前面学习的主动式聆听有什么关系？

活动内容：

学说以下相声小段。

1.《八扇屏》

郭德纲：后来我就开始看古典文学，三字经，百家姓，十里河，二龙路，大北窑……

于谦：画地图来了你这儿？

郭德纲：五经，四书，三叔，大妈，舅舅……

于谦：这辈儿你倒是不乱。

郭德纲：易经，二更，三更，四更，五更，天亮，吃早点。

于谦：饿着了是怎么着？

郭德纲：左传，春秋左传，左传，右转，上坡儿，下坎儿，掉沟里。

于谦：您这拿不了驾照了。

郭德纲：中庸，不中庸，废物点心，半吊子，二百五，一套都念过。

于谦：哦？自个儿学自个儿？

2.《我这一辈子》

郭德纲：后来我想学游泳，什么仰泳啊，蛙（第三声）式。

于谦：您倒没学砖式，还瓦式。

郭德纲：后来遭到了园林部门的阻挠。

于谦：您游泳怎么遭到园林部门阻挠呢？

郭德纲：我在草地上练。在草坪上练游泳一次都没溺水过！

于谦：没把自己活埋喽？

《如愿·人生七阶》等两篇

【活动 5.6】 “嗯呐”我在听！

活动要求：

以小组为单位练习聆听的反馈技巧。

活动内容：

《朗读者》朗读视频《如愿·人生七阶》

三人一组，一人朗读，另两位分别作不同反馈，轮流进行。结束后分别谈谈不同的反馈带给说话者的感受。

1. 反馈 A：不出声，但凝视着讲话者，并且频频点头。

2. 反馈 B：根据听到的内容，适时说出这样一些话：“对，没错！”“后来呢？”“喔，太棒了！”“噢，原来如此！”“真的假的？！”“嗯嗯！”……

《念你们的名字》等两篇

【活动 5.7】 “哦，我明白您的意思是……”

活动要求：

小组练习“适时重复”的技巧。

活动内容：

小组内播放音频或同学朗读文段，其他同学专注聆听，轮流适时小结归纳所听文段的大意，以这样的句式开头：“哦，我明白您的意思是……”

《朗读者》朗读视频《念你们的名字》

点睛之语

聆听是促进双方良好交流的重要前提以及必要的交谈技巧，是会说话的标志。懂得聆听，说话就成功了一大半。

第三节　会说话就要有修养

学习目标

1. 理解掌握说话修养的四原则。
2. 能在交谈中找到自己的准确定位，建立自己的语言形象。
3. 养成受人欢迎、真诚体贴的说话习惯。

感知体验

诵读如下古代有关应对礼仪的篇章，体会中国古人应对礼仪的核心观点是什么。

《童蒙须知》

——宋·朱熹（节选）

凡为人子弟，须是常低声下气，语言详缓，不可高言喧闹，浮言戏笑。父兄长上有所教督，但当低首听受，不可妄大议论。长上检责，或有过误，不可便自分解，姑且隐默。久，却徐徐细意条陈云，此事恐是如此，向者当是偶尔遗忘。或曰，当是偶尔思省未至。若尔，则无伤忤，事理自明。至于朋友分上，亦当如此。凡闻人所为不善，下至婢仆违过，宜且包藏，不应便尔声言。当相告语，使其知改。凡行步趋跄，须是端正，不可疾走跳踯。若父母长上有所唤召，却当疾走而前，不可舒缓。

《童子礼》

——明·屠义时（节选）

凡童子常当缄口静默。不得轻忽出言。或有所言。必须声气低平。不得喧聒。所言之事。须真实有据。不得虚诳。亦不得亢傲訾人。及轻议人物长短。如市井鄙俚。戏谑无益之谈。尤宜禁绝。言者。人所易放。苟有所畏惮收敛。则久久亦可简默。今之父母。见其子资性聪慧者。于学语之时。往往导其习为世俗轻便之谈。以相笑乐。此性一纵。必不可反。是教以不谨言也。切宜禁之。

受业于师。必让年长者居先。序齿而进。受毕。肃揖而退。其所受业。或未通晓。当先叩之年长。不可遽渎问于师。如欲请问。当整衣敛容。离席前告曰。某于某事未明。某书未通。敢请。先生有答。即宜倾耳听受。答毕。复原位。受业时。不以智愚为后先。而以齿为序者。示童子以礼也。今世师或于弟子之聪慧者。令其先长者而进。是教以傲而导之骄也。可乎哉。

《弟子规》

——清·李毓秀（节选）

亲有过，谏使更。怡吾色，柔吾声。谏不入，悦复谏。号泣随，挞无怨。……

尊长前，声要低。低不闻，却非宜。进必趋，退必迟。问起对，视勿移。……

将入门，问孰存。将上堂，声必扬。人问谁，对以名。吾与我，不分明。……

凡出言，信为先。诈与妄，奚可焉。话说多，不如少。惟其是，勿佞巧。奸巧语，秽污词。

市井气，切戒之。见未真，勿轻言。知未的，勿轻传。……

归纳起来有如下几点：

（1）少说话。

（2）说话音量放低。

（3）说话真诚。

（4）尊长面前收敛隐忍。

（5）不乱开玩笑、用语不粗俗轻浮。

（6）不轻易与人争执辩论。

简言之：“怎么说”远远比“说什么”来得重要！

知识积累

在中国古代，从对儿童的启蒙教育开始就有关于“洒扫应对”的教育，其中关于如何说话就有非常细致入微的具体的训练要求（见前文），这些要求的大部分也都是关于非语言因素的。

说话的训练，第一步就是说话修养的培养和训练，也就是教会我们“怎么说”！

一、说话修养四原则

（一）“贵人语迟”——回应得快与慢

《论语·里仁》有曰：“君子欲讷于言而敏于行。”俗语：“树高蝉声细，山高语音低。水深流去远，贵人话语迟。”

在中国文化的语境里，身份地位高且重的人，说话中的应对速度都是以相对“慢、稳”为参照标准的。地位越尊贵的人，回应就可以也应该更慢一点。回答问题时停顿两秒钟，可以营造稳重感、可信度、权威感。所以，若要让自己说话变得有力量、让人信服，意见容易被人采纳，进而受人尊敬，说话时的应对从容、语速舒缓是第一个要训练的。

反之，作为刚刚走上社会的年轻人，在身份地位都高于你的师长、上司面前，第一时间做出迅速反应是你需要做出的第一步表态。《弟子规》

中有“父母呼，应勿缓。”的句子，说明年轻人在长辈呼叫时必须第一时间回应，不能有迟疑的空间，表现出顺从的态度是第一位的，内容其次。

总之，回应的快与慢与你身处什么样的社会关系之中以及你想营造一种什么样的自我定位相关。

（二）“话说多不如少”——话多与话少

到底应该说多还是说少呢？这要以你所处的环境关系和具体语境来看。在社会生活中我们常常可以观察到这样一种现象，如果别人问一句你答十句，往往意味着你更主动热情礼貌，更加有积极往来的意愿；反之则是拒绝、阻断交流的意思。

另一种情况则是，地位和资历相对较低的一方，一般不主动发出更多言语信息，以免言多必失或者贻笑大方，或者以示对师长上司的尊敬，把话语权交予对方。

（三）语调的高与低

俗语：“树高蝉声细，山高语音低。水深流去远，贵人话语迟。”

说话语调的高与低，也是我们判断一个人地位、身份、影响力大小的一个标准，在别人听来，一个尖锐的声音和一个低沉的声音，其权威性是完全不一样的。表示热情亲切的态度，调门就应该稍高一点儿；表示沉稳、决断，一般用较为低沉的语调。

（四）说话真诚不伤人

“真诚”是说话有修养的一个很重要的标准。若要想自己是一个会说话、在别人眼里说话有分量的人，说话时的真心、真意、真情是必不可少的。同时，也还有以下几点需要我们注意：

1. 说事实不说感觉，避免自我中心的话风

请看下面这几组句子：

“这是个男生。”（陈述事实）

“这个人好丑！”（个人感觉）

“××× 得了金曲奖。”（陈述事实）

“××× 的歌好难听！”（我的感觉）

“哇，榴莲我实在吃不惯！”（陈述事实）

“哇，榴莲实在好难吃！”（个人感觉）

这些句子内容相似但表达效果却有天壤之别。把自己的感觉当成事实，就是以自我为中心说话，主观性强，在人群中很容易与人起摩擦。所以，我们在说话的时候应该尽量用陈述事实的方式，少用或不用个人主观感受太强烈的表述方式说话。

2. 改掉伤人的口头禅

很多人说话都有一些习惯性的惯用语，俗话叫“口头禅”。这些习惯用语往往带有强烈的个性特征及生活烙印，处理不好经常会给正常谈话带来负面影响。例如脏话这样的口头禅就是万万不可带进谈话活动中的。

我们可以试着训练一下改掉这些容易伤人的口头禅。

例如，口头禅：“不关你事”

暗含的意思：拒人于千里之外，冷漠、傲慢

可改为：“谢谢关心，我知道了 + 沉默”

3. 不说粗口，粗口会让人变笨

粗口是一种发泄情绪的方式，很多人都喜欢用，但是，粗口并不仅仅是对个人修养的影响，它真正影响的是人的思考能力，特别是对年轻人。

在现实生活语境中，一句粗口往往可以代表很多种不同情绪的表达，所以，一个习惯讲粗口的人，他的词汇量往往就会少于一般人，所以很多人在用粗口吵架时，在旁人听来就像两台录音机一直重复着同样的词汇，不仅失去了杀伤力，而且显得非常可笑。自己原本想要表达的对他人的批评或者伤害，都因为词汇的极度贫乏而完全失去了意义，也就让你的言语表达变得没有任何力量。

记住一点，当你的语言越粗糙、越模糊、越贫乏，也就意味着你的思考也是如此；而且，长期使用这种粗糙的语言，会让你的大脑产生一种惯性依赖，那么久而久之，你就永远只能用这种无比简单粗糙的语言去思考、观察、感受、表达，你将失去所有的创造力，变得愚蠢无比。

所有会说话的人，一定都有复杂的思考能力，因为他们拥有复杂的语言功底。

二、魅力说话小妙招

1. 赞美行为而非个人

举例来说，如果对方是厨师，千万不要说：你真是了不起的厨师。他心里知道有更多厨师比他还优秀。但如果你告诉他，你一星期有一半的时间会到他的餐厅吃饭，这就是非常高明的恭维。

2. 客套话也要说得恰到好处

客套话是表示你的恭敬和感激，所以要适可而止。

如果对方是经由他人间接听到你的称赞，比你直接告诉他本人更多了一份惊喜。相反地，如果是批评对方，千万不要透过第三者告诉当事人，避免添油加醋。

3. 面对别人的称赞，说声“谢谢”就好

一般人被称赞时，多半会回答还好！或是以笑容带过。与其这样，不如坦率接受并直接跟对方说“谢谢”。有时候对方称赞我们的服饰或某样东西，如果你说：这只是便宜货！反而会让对方尴尬。

4. 有欣赏竞争对手的雅量

当你的对手或讨厌的人被称赞时，不要急着说：“可是……”就算你不认同对方，表面上还是要说，是啊，他很努力。以显示自己的雅量。

5. 批评也要看关系

忠言未必逆耳，即便你是好意，对方也未必会领情，甚至误解你的好意。除非你和对方有一定的交情或信任基础，否则不要随意提出批评。

6. 批评也可以很悦耳

比较容易让人接受的说法是："关于你的……我有些想法，或许你可以听听看。"

7. 批评时间点很重要

批评千万不要在星期一早上，几乎多数人都会有星期一忧郁的症状。另外也不要在星期五下班前，以免破坏对方周末休假的心情。

8. 注意场合

不要当着外人的面批评自己的朋友或同事，这些话私底下关起门来说就好。

9. 批评的同时提出建议

提出批评之外，还应该提供正面的改进建议，才可以让你的批评更有说服力。

10. 避免不该说出口的回答

如：不对吧，应该是……这种话显得你故意在找碴儿。另外，我们也常说："听说……"感觉就像是你道听途说得来的消息，有失得体。

能力提升

【活动 5.8】　举重若轻的说话修养

活动要求：

练习用沉稳平静的态度面对生活中的大事件。

活动内容：

1. 上网查资料：宋庆龄与孙中山；陈炯明"羊城兵变"。

2. 试着自己朗读这封宋庆龄在兵变事件后不久写给好朋友的信。

最亲爱的阿莉：

我于6月25日回到这里，由于我在广州经受了一场可怕的事情，我非常紧张不安，我不得不保持完全安静和休息。

我经常想到你，不知道你是否收到了我的上一封信，那是在我的房子遭到炮击前几天写的，我所有的东西都丢了，所有的皮衣、服装和首饰，都被士兵抢去了，但是感谢上帝，我们没有受到伤害，还能再度在我们自己的家里生活和呼吸。

虽然我们的东西都丢了，但我们取得了道义上的胜利，公众舆论从来没有像现在这样强烈地支持我们的事业。

我希望知道一些你的情况，你什么时候做新娘？你们的婚期定了吗？如果你让我知道你们结婚的日子，我将寄一件手工制品给你，我可以及时寄给你，让你在蜜月中穿，请写一封长信给我，告诉我一切，并一定寄一张你穿上新娘礼服的照片给我。

你可以帮我一个忙吗？我需要一些新式的名片，你能否立即向蒂法尼的商店或其他好的雕版印刷店，为我定制两百张名片，请你选择简单朴素而又美观的式样，名片上只印“孙逸仙夫人”，请你把发票寄给我，千百次的谢谢你，我希望你一有时间便帮我这个忙，请来信，致爱于你。

罗莎蒙黛，1922年9月15日

我本想写一封长信给你，但我母亲在这儿，我得赶下楼去看他，请在12月之前把名片寄给我，又及。

《见字如面》
周迅朗读

3. 听演员的朗读，体会不一样。

4. 在老师带领下，分析此时宋庆龄的身体、生活状况，以及还能用这样的口吻说话的背后，人物的心境、修养。

【活动5.9】 最“美丽”的遗书

活动要求：

体会作者心境，用平静、深情、忘我的语气说话。

活动内容：

1. 上网查资料，了解方志敏烈士的事迹。

2. 了解《可爱的中国》是在什么背景下写成的，体会方志敏烈士当时的心境。

3. 用你认为最合适的最贴近方志敏烈士的语气朗读这段文字。

可爱的中国（节选）

方志敏

朋友！中国是生育我们的母亲。你们觉得这位母亲可爱吗？

我想你们是和我一样的见解，我觉得这位母亲是蛮可爱蛮可爱的。以言气候，中国处于温带，不十分热，也不十分冷，好象我们母亲的体温，不高不低，最适宜于孩儿们的依偎。以言国土，中国土地广大，纵横万数千里，好象我们的母亲是一个身体魁大，胸宽体阔的妇人，不象日本姑娘那样苗条瘦小。中国许多有名的崇山大岭，长江巨河，以及大小湖泊，岂不象征着我们的母亲丰满坚实的肥肤上的肉纹和肉窝？中国土地的生产力是无限的；地底蕴藏着未开发的宝藏也是无限的；废置而未曾利用起来的天然力，更是无限的；这又岂不象征着我们的母亲，保有着无穷的乳汁，无穷的力量，以养育她四万万的孩儿？我想世界上再没有比她养得更多的孩子的母亲吧。

至于说到中国天然风景的美丽，我可以说，不但是雄巍的峨嵋，妩媚的西湖，幽雅的雁荡，与夫“秀丽甲天下”的桂林山水，可以傲睨一世，令人称美；其实中国是无地不美，到处皆景，自城市以至乡村，一山一水，一丘一壑，只要稍加修饰和培植，都可以成流连难舍的胜景；这好象我们的母亲，她是一个天资玉质的美人，她的身体的每一个部分，都有令人爱慕之美。中国海岸线之长而且弯曲，照现代艺术家说来，这象征我们母亲富有曲线美吧。

咳！母亲！美丽的母亲，可爱的母亲，只因你受着人家的压榨和剥削，弄成贫穷已极；甚至不能买一件新好看的衣服，把你自己装饰起来；甚至不能买块香皂将你的全身洗擦洗擦，以致现出怪难看的一种憔悴和污秽不洁的形容来！啊！我们的母亲太可怜了，一个天生的丽人，现在却变成叫化的婆子！站在欧州、美州各位华贵的太太面前，固然是深愧不如，就是站在那日本小姑娘面前，也自惭形秽的很呢！

听着！朋友！母亲躲到一边去哭泣了，哭得伤心得很呀！她似乎在骂着："难道我四万万的孩子，都是白生了吗？难道他们真象着了魔的狮子，一天到晚的睡不醒吗？难道他们不知道自己伟大的团结力量，去与残害母亲剥削母亲的敌人斗争吗？难道他们不想将母亲从敌人手里救出来，把母亲也装饰起来，成为世界上一个最出色，最美丽，最令人尊敬的母亲吗？"……

【活动 5.10】 没有粗口的骂人更有力量

活动要求：

学习义正词严的批驳的语气。

活动内容：

1. 听音频，体会这样义正词严的批驳带给你的感受。

2. 模仿演员的语气、语调朗读这封信。

将来你必然会背叛我

——胤禛写给年羹尧 约 1718 年

王字谕年羹尧，我知道你是个浮浪轻佻的恶少，你有今天不过是碰上好运罢了。君臣大义你就一点儿没学过，国家朝廷的典章制度、各大郡王各大军区各大领导的称谓都是历史形成富有深意的，你却狂昧无知，写个报告该怎么称呼你知道依据什么吗？多少次让你爸告诫你，你就是抗命不改，一肚子坏话憋不住，竟然敢公开强词狡辩，无父无君没有比你更过分的了；德妃娘娘的千秋大庆，弘时阿哥的完婚之喜，你写了一个字前来道贺吗？半年了你写了一个字给我请安吗？拿你的顶头上司当成大街上一个不认识的人了吧？你还说什么钱都捐了军饷了，家里没钱了，你说这话有意思吗？我什么时候惦记过你们家钱呢？你凭什么把我想的这么猥琐，造谣生事、大放厥词呢？

你在四川骄横不法狂悖无忌，皇上将来早晚会明察。你还敢说你今日不辜负皇上，异日就不会辜负我。你这叫什么话？用无法无天的胡言，诱惑我去干不安分的勾当，你这是封疆大吏该说的话吗？异日这两个字就足以杀了你年羹尧全家。

你跟大骗子孟光祖私相授受的事，不但众人皆知，而且是你家里的人亲口告诉我的，你还敢蒙骗皇上成了漏网之鱼，就这一件事就可以看出你现在就是背叛了皇上，将来你必然会背叛我。我培养下属是连同他的家人父子全部都养育成全的，你已经没了人心，但总有耳朵和眼睛吧？你不想着报恩反而公然跋扈，你到底藏着什么祸心？凭着谁的势力竟敢如此胆大妄为呢？就你这个德性就证明你现在背叛了我，异日一定也会背叛皇上。在朝廷上有君有臣，在本府内有主有仆，所以对亲王、郡王、贝勒、贝子等没有不叫主子的，没有不自称奴才的，这是通行的惯例，而且你爸自称奴才，你哥自称奴才，难道你爸不是封疆大吏？凭什么你就不自称奴才？你不是你哥的弟弟你爸爸的儿子吗？那你又何必称我为主子呢？你既然称我为主子，你又有什么理由不称自己是奴才呢？你父亲、哥哥做的事，不听你的规劝这是可以的，你不听父亲的教训，抗拒主子的命令，这是无父无君万分可恶的！

如果你另有高见或者是有别的委屈，你可以跟我说，申明你的理由，我也会将你不肯自称奴才的事，德妃生日、阿哥结婚一年也没有一字请安，以及跟大骗子孟光祖交往的事，连同写着异日二字的报告都好好留着。我得奏明皇上，相信皇上自有定夺。还有，你父亲年事已高，你的儿子本该代你奉养老人，可是你不这么想，让七八个孩子都跟着你，难道人心真的能坏到这种程度吗？只有到娶媳妇的时候你才会让儿子回京。忠臣得在孝子中间找，这个道理你明白吗？从现在起，你的儿子，凡是十岁以上的，全都让他们来京侍奉你爸，你当年临走时跟我要走的，正在读书的弟弟、侄子，也必须让他们火速来京，不许留在外地，帮着你干这种无君无父的事情，我看你现在这种藐视本门主子的意思，将来做出谋反叛逆的事儿是大有可能。

你爸看见了你写的报告，当着我的面痛哭失声抱恨倒地，骂你狂妄自大、胡作非为，你干出这种事情，还敢假装孝子欺骗世人，觍着脸说父子天性未泯，丧心病狂到了何种地步？你爸在北京我对他恩重如山，你这种无父之人未必能懂其中深意。圣主以孝治天下，作为一个敬爱老人的人我无法忍受你这种行为，所以才会不惜如此加以申斥，给你这个愚笨的脑袋敲敲警钟。你要是真能从此认识错误切实悔悟，那真是你的福分，如果依然执迷不悟非要拿嘴咬肚脐眼儿，你只能后悔莫及！

《见字如面》
何冰朗读

自己想去吧。

——故宫博物院《文献丛编》

【活动 5.11】　改改你的口头禅

活动要求：

分析这些口头禅背后的含义，试着用更合适、更友善的话重说一遍。

例如：“你不懂……”“你懂个啥呀？”

暗含的意思（你很差劲，什么都不懂！）

可以换个说法：（“这个你有所不知”）

（“我换个说法看看能不能说明白点儿……”）

活动内容：

以下句子，先分析一下暗含的意思，然后换更合适的话重说一遍。

1.“那你还要我怎样？”“那你说我该怎么办？”

暗含意思（　　　　　　　　　　　　　　　　）

可改为（　　　　　　　　　　　　　　　　　）

2.“你老是……”“你从来……”

暗含的意思是（　　　　　　　　　　　　　　）

可改为（　　　　　　　　　　　　　　　　　）

3.“我这是为你好。”

暗含的意思是（　　　　　　　　　　　　　　）

可改为（　　　　　　　　　　　　　　　　　）

4.“不是！是这样的……”

暗含的意思是（　　　　　　　　　　　　　　）

可改为（　　　　　　　　　　　　　　　　　）

【活动 5.12】　真诚演讲的魅力

活动要求：

认真朗读这篇演讲稿，体会情真意切、直达人心的说话方式。

活动内容：

1. 自己朗读体会这篇演讲稿。

2. 上网听演员的朗读，体会情真意切、直达人心的说话方式。

3. 试着模仿演员的演讲。

《见字如面》
陈数朗读

点睛之语

我们观察一个人的修为，其中重要的一个指标是看他如何说话。所以，说话中的修养可以较为全面地反映一个人的德行修养，反映他的为人处世的作风等。因此，训练我们的说话也可以看作我们做人的修炼。

第四节　会说话就要有技巧

学习目标

1. 理解沟通中非语言因素的重要，掌握正确的说话方式和语气。
2. 能灵活运用正确的说话技巧与人沟通。
3. 养成关注他人感受，灵活运用不同方式说话的习惯。

感知体验

请试着用几种不同的语气说下面这句话：

1. 含羞带怯地说“你有病啊！”
2. 声嘶力竭地说“你有病啊！”
3. 关切地说“你有病啊？”
4. 疑惑地说“你有病啊？”
5. 恐惧地说“你有病啊？”

思考：不同的语气说这句话带给你的感觉以及实际产生的效果有什么不一样？

知识积累

很多人以为，说话就只是言语的事情，是出口成章、口若悬河、伶牙俐齿、能言善辩……总之，是用嘴就可以完成的工作。事实上，心理学研究表明：在进行口头沟通的过程中，接收信息的人从发出信息者那里获得的信息，其中 38% 来自发讯者的语调，55% 来自其面部表情，只有 7% 来自语词本身。也就是说，说话的时候，真正起关键作用的是说话时的礼仪、姿态、语气以及内容的选择等非语言因素。简言之："怎么说"远远比"说什么"来得重要！

说话不是为了输赢，会说话并不等于在任何说话的场合都是"赢"的结果，所以，好的说话是以双方都感到舒适、都收获到有效信息并且愿意将谈话继续为标准的。为达到这样的标准，我们也要学习一定的技巧，以便在说话的过程当中能够更好地掌控局面，令双方都收到满意的效果。

一、说话语气比内容更重要

当我们在说话的时候，我们经常会犯一个错误，就是更多关注聊天交流的内容，而忽略了说话的方式和语气。

沟通包含了两层含义：一是沟通的内容，就是谈论的事情。二是交流的情感，就是彼此给对方的感受。

举个例子，你和你闺蜜聊天时天南海北啥都聊，从明星八卦到换季穿搭、YSL 又出了什么新的色号等。很多时候你根本不记得你们聊了什么，但你会记得你们聊得很开心。

很多人在聊天的过程说过什么话、讲过什么道理，很容易会被遗忘，比如读书时候老师教给你的知识，早就想不起来他们都说了啥，但是讲话过程中给你的感受，你会记住很久，就像你会记得这个老师讲课风趣幽默超可爱的，那个老师一本正经、太古板。

一个人说话的语气，隐藏着对对方的态度。所以，积极、温和、谦虚、诚恳的语气，会让对方感觉到被尊重和重视，从而可以使谈话愉快地延伸。反之，则会让对方感到被怠慢，生出距离感，就有可能让谈话进行不下去。

那么，哪些语气是我们在说话中应该极力避免的呢？

1. 反问的语气

“难道我之前没有告诉过你吗？”“这么简单的事你都不会？”

假如你用上面的语气对别人说话，会让对方觉得你是在说“这么理所当然的事情你都不会（不行），你是不是傻？”

反问句很容易给人挑衅的感觉，用反问的语气说话，会让对方觉得你是在蔑视和嘲讽。

“你这个傻子，怎么连这都不懂。”反问就是反驳，它传递的是这样一种信息：我是对的，你是错的；而且你不仅错了，还错得很可笑。

可想而知，这会对别人的感受造成什么样的伤害。所以，和别人聊天、谈事情也好，要慎用反问句。

2. 命令的语气

很多自认为是心直口快的人，经常在这个问题上犯错误。但无论如何请记住，用命令的语气和人说话时，会给人压迫感。

用命令的语气说话也没关系的，要么是上下级关系，他们之间用命令语气说话是常态，比如领导让员工工作，老师让学生写作业等；要么是相当熟悉的朋友，彼此太熟悉，所以除非情绪不稳定的时候，一般无所谓对方什么语气也知道他没有恶意。

举个例子，你特别要好的朋友跟你说：“去给我朋友圈点个赞，快点儿！”

你肯定立刻就屁颠屁颠地去点赞了。不但要点赞，大多时候还要顺手评论夸一下或者借机损一把。

如果是一个星期也聊不了几句的普通朋友说：“去给我朋友圈点个赞，

快点儿！”

你就算真的去点赞了，也是不情不愿地，心情不好的时候可能还会腹诽一句：“你算老几，真的是！”

假如你们既不是上下级，也没有要好到死党或闺密的程度，请慎重。

3. 不耐烦的语气

“算我错了，行了吧？”“你这么想我也没办法。”

不耐烦的语气，是在说你是一个麻烦、是一个问题。你让我不爽，所以我们赶紧结束聊天吧，好走不送！

这是一种非常有攻击性的表达方式。虽然有的人表面上是自己在妥协，但是一旦用不耐烦的语气表达的话，就会给对方一种你在嫌弃他的感觉。

在沟通的时候有一个概念叫一致性沟通。

就是说当我们表达一个意思的时候，说话的内容和说话时的语气、身体语言等都应该一致，这样才会让对方信服。假如不一致，就会增加对方的不信任感。

不耐烦的语气，最容易给人言行不一致的感觉。

当一个人满脸不耐烦地对人说：“行了！行了！”（啤的就啤的、鸳鸯锅就鸳鸯锅）

对方会记住忘不掉的，大概率只有不耐烦。不耐烦表达的是嫌弃，没有人喜欢被嫌弃，所以不要轻易使用不耐烦的语气。

以上三种语气，之所以会给别人带来负面的感受，归根到底在于缺少对他人基本的尊重。

常使用这些语气的人，要么过于自我、缺少同理心，只在乎自己是否痛苦，而不在乎别人的感受。要么过于在乎事情，而忽略了接受者有可能是一个比较感性的人，从而不知不觉地伤害了别人却不自知。

语气很细微，但是很重要。

假如你在和别人交谈的时候，使用的都是信任、尊重和商量的语气，

《情商低的人，才会用这 3 种语气说话》

别人也会在不经意间，把你摆在值得信任和尊重的位置上。

二、合理使用身体语言

（1）神态松弛 = 自信（用简短语言对内容解读）。

（2）动作、目光与双方关系协调。

拓展知识

美国人类学家、空间方位意义学的创始人爱德华·霍尔说："空间也会说话。"意思是人与人之间的空间距离的大小与人的心理密切相关。通过"会说话的空间"，我们可以推测出保持此种距离的两者之间的关系和他们当时的心态和情绪。

人们的个体空间需求大体上可分为四种距离：亲密距离、个人距离、社交距离、公共距离。

亲密距离是指两人的身体很容易接触到的一种距离，一般间隔在 15 厘米至 45 厘米之间，甚至可以紧挨在一起，亲密无间。这种距离只有最亲近的人才允许彼此进入，如果见到有人以这种距离进行谈话，则可推测出是情人、夫妻或是父母与子女或很要好的朋友在谈话。

个人距离比亲密距离稍远一点，一般在 45 厘米至 1 米之间。这个距离伸手就可以握到对方的手，但不容易接触到对方的身体。通常熟人朋友间的交谈多采用这种距离。在社交场合，某些人为了向对方表示一种亲近感也会采用这种距离。

社交距离的范围比较灵活，近可 1 米左右，远可 3 米以上。这种距离通常用于与个人关系不大的人际交往，例如小型招待会上，双方隔几步远打打招呼或寒暄几句便又分开。

公共距离是指人们在公共场合的空间需求，除了公共汽车、电梯等特定场合外，一般都在 3 米之外，如公园散步、路上行走、在剧场前厅等候看演出，还有演讲者与听众、教师讲课与学生之间的距离等。

三、说话清晰的诀窍

1. 重复

关键信息要多角度重复。例如："八点差一刻集合哦！也就是说七点三刻哦！"我们在演讲中要反复从不同角度重申论点，至少开头、中间、结尾三个地方要重复。重复是避免歧义和误解的最好办法。

2. 留白

难懂的内容要主动留空白，给听者留出反应和思考的空间。多用无意义的赘词来完成。

"……对不对？"

"……我说清楚了吗？"

"……明白了吗？"

"……你懂我的意思吗？"

3. 操作性表述

复杂的概念要进行操作性表述。例如：去车站要先往东两个路口然后向南。——"去车站先往这个方向（用手指示）走两个路口，然后往你的右边转弯就到了。"

能力提升

【活动 5.13】　识别你的潜台词

活动要求：

以小组为单位，请一个同学读下面的句子，其余同学一起猜一猜语气背后想要表达的"潜台词"。

活动内容：

1."好了好了，对不起了"是想表达（　　）。

A. 真诚道歉　　　　　　　B. 为平息事态而敷衍

2. 当女生吵架时说“对，你了不起！对，你最能干！什么事都是你对！……”有可能表达的是（　　）。

A. 真诚赞美对方　　　　　B. 讽刺挖苦对方

3.“这样做不太好吧！”可以表达（　　）。

A. 评价　　　　　　　　　B. 拒绝

4. 在你特别希望得到别人的夸赞、表扬、羡慕的时候，你更希望听到的是这样的话（　　）

A.“你很不错。”　　　　　B.“哇，你好棒哦！”

【活动 5.14】　语气语调变变变！

活动要求：

以小组为单位，每个同学用不同的语气说同一个句子。

活动内容：

（1）“谢谢你。”

（2）“你这篇文章写得真是太棒了。”

（3）“你该拿定主意了。”

（4）“你工作很忙吧。”

（5）“小心哦。”

【活动 5.15】　他到底想要说什么呢？

活动要求：

以小组为单位，相同的句子每位同学读一遍，其余同学说出他想要表达的意思。

活动内容：

1.A.“**正确思想**是从天上掉下来的吗？”

B.“正确思想是从**天上**掉下来的吗？”

C.“正确思想是从天上**掉**下来的吗？”

2.A.“**希望**你别做这种事。”

B.“希望**你**别做这种事。”

C.“希望你别做**这种事**。”

3.A.“我现在应该以什么来安慰你呢？”

B.“我**现在**应该以什么来安慰你呢？”

C.“我现在应该以**什么**来安慰你呢？”

D.“我现在应该以什么来**安慰**你呢？”

E.“我现在应该以什么来安慰**你**呢？”

4.A.“我**比较**担忧的是现在消费主义导向扭曲了大学的价值。”

B.“我比较**担忧**的是现在消费主义导向扭曲了大学的价值。”

C.“我比较担忧的是**现在**消费主义导向扭曲了大学的价值。”

D.“我比较担忧的是现在**消费主义导向**扭曲了大学的价值。”

E.“我比较担忧的是现在消费主义导向扭曲了**大学**的价值。”

【活动 5.16】 模仿秀

活动要求：

朗读下面这篇文字并录音，再聆听演员的演绎，反复比较，体会他的停顿、重音、节奏的变换，思考并讨论如果不这么处理，效果会发生什么变化。

活动内容：

很多了不起和钱没什么关系

（冯唐写给小陶朱公子）（节选）

小陶朱公子：

人从小到大，有几个基本问题，躲也躲不过，比如：情是何物？性是何物？一生应该如何度过？人从哪里来？时间之外是什么？为什么伦理道德长成这副模样？

……

从一方面讲，钱不是什么东西，你有钱没什么了不起。

很多了不起和钱一点关系都没有。

比如曾经有一个诗人，有天晚上起来撒尿，见月伤心，写了二十个字："床前明月光，疑是地上霜。举头望明月，低头思故乡。"两千年之后，亿万小学生们起夜小便，看到月亮，都想起这二十个字。这，很了不起，但是和钱没有任何关系。

比如曾经有一个生意人，在手机被诺基亚、摩托罗拉、爱立信等巨型企业半垄断生产了近二十年之后，领导一个从来没有做过手机的电脑企业做出了 iPhone。"为什么我会想起来做手机？看看你们手中的手机，我们怎么能容忍自己使用如此糟糕的产品？"这，很了不起，但是和钱没有直接关系。

比如我见过一个陌生人在雨天，在北京，开车。一个行人过马路，匆忙中手里一包桃子掉在马路当中，散落在这个人的车前。这个人按了应急灯，跳下车，帮行人尽快捡起桃子。这，很了不起，但是和钱没有任何关系。

更简洁的论证是，即使有钱很了不起，但是你有钱也没有什么了不起，因为你的钱不是你挣的。

从另一方面讲，钱是好东西，钱是一种力量，使用好了，你可以变得了不起。

比如培育冷僻的声音。在世界各地挑选一百个民风非主流、生活丰富的地方，每个地方租个房子，提供三餐、网络和一张床。每年找十个诗人、十个写小说的、十个画画的、十个搞照片的、十个设计房子的、十个作曲的、十个歌唱的、十个跳舞的、十个和尚、十个思考时间空间道德律的。不找畅销的，不找成名太久的，不找有社会主流职务的。这一百个人在这一百个房子里生活一年，没有任何产量的要求，可以思考、创造、读书，做任何当地法律不禁止的事儿，也可以什么都不做。

比如延续美好的手艺。在世界最古老的十个大城市，选当地最有传统美丽的位置，开一家小酒店，十张桌子，十间客房。不计成本和时间，找最好的当地厨师、用最好的当地原料、上最好的当地酒，恢复当地历史上曾经有过的最美好的味道、最难忘的醉。盖标准最严格的当地建筑、用最好的当地家具、配最好的当地织物，恢复当地历史上曾经有过的最美好的夜晚、最难忘的梦。如果在北京开，家具要比万历，香炉要比宣德，瓷器要比雍正，丝织要比乾隆。

《见字如面》
赵立新朗读

比如促进渺茫的科学。对于病毒的理解还是如此原始，普通的感冒还是可以一片一片杀死群聚的人类。植物神经、激素，与大脑皮层到底如何相互作用，鸦片与枪与玫瑰与性高潮到底如何相通？千万年积累的石油和煤和铀用完了之后，靠什么生火做饭？中医里无数骗子，无数人谩骂中医，但是中国人为什么能如此旺盛地繁衍存活？需要用西方科学的大样本随机双盲实验，先看看中医到底有没有用，再看看到底怎么有了用。

感觉到了吧，再多的钱也可以不够用，花钱也可以很愉快。

点睛之语

“怎么说”远远比“说什么”来得重要！但是这个问题依然被很多人忽略，他们往往将大部分的注意力都放到说话的内容上，以为只要内容过硬就一定会有好的说话效果，其实实际情况可能大相径庭。希望有更多人开始重视说话的方式，而不仅仅是内容。

第六章　让你学会生活及职场沟通

我们在平时的生活和工作中，不良的沟通比任何一种不好的习惯给我们带来的伤害都要大。如果在工作中你欠缺沟通技巧，就无法和同事正常地去完成一项工作，工作效率降低，同时也会影响到你个人职业生涯的发展。在与朋友的交往中不良的沟通会造成友谊的破裂。所以，沟通对于我们来说是一项非常重要的基本能力。相信，通过本章的训练，你的生活和职场沟通能力会跨上一个新台阶。

第一节　日常生活中的人际语言沟通

学习目标

1. 了解日常生活中人际语言沟通的形式。

2. 能在登门访晤、来访接待和电话沟通中灵活运用语言沟通的方法和技巧。

3. 在日常生活人际语言沟通中养成文明礼貌的沟通习惯。

感知体验

李剑在一家公司工作了三年，逐渐从一般的技术人员做到了一个小工头，有望升到主管的位置，然而一件事却使得他的升迁之路被彻底堵死了。

那是一个周五，李剑正在对公司模具部门的工模进行盘点，作为主要负责人的他对盘点事项做了详细的安排，一切安排妥当之后，工人们开始在闷热的车间里有条不紊地进行着各项工作。不知什么时候，上司进了车间，让工人们停下手里的活，并指出工人们出活儿率太低，要求按照上司的方法加快速度。李剑向上司解释了操作流程并且说明这是他多年来的经验积累，工人们已经熟悉了这种工作方法，而且工作进行得有条不紊。

李剑还对上司说，你的指示虽好，但用于模具盘点不合适。上司听了这话，立即阴沉了脸，用生硬的口气命令，必须按他说的要求去做。但是李剑觉得他的指示里含有明显的漏洞，于是据理力争，接下来双方理所当然地发生了激烈的争吵，最终上司暴跳如雷，李剑也气得脸色铁青。最后李剑说："既然你那么坚持，那你就让他们按你说的去做吧，出了什么问题我可不管。"说完他就离开了车间。事后李剑手下的工人们还是遵循了他的方法，上司的提议在实际工作中确实行不通。

之后，李剑慢慢地把这件事情淡忘了，但是李剑的加薪或升职的机会一次次地擦肩而过，他终于明白，这件事情还没有过去，无奈的李剑最终选择了离开。

造成这件事情的不愉快收场，双方的语言沟通能力不足，是主要原因。因此，人际语言沟通能力是我们需要学习和锻炼的重要能力。

知识积累

人们日常生活中涉及的人际语言沟通形式是多样的，例如登门访晤、来访接待、电话沟通、应聘面试、网络音视频沟通等，每一种沟通形式都与日常工作生活有着密切的联系。本节重点介绍登门访晤、来访接待、电话沟通三种人际语言沟通技巧。

一、登门访晤

登门访晤是指本人亲自到朋友住所、办公室去拜访某人进行语言交流沟通的行为活动。一般包括事务性、礼节性和私人访问三种。在登门访晤的过程中为了达到交流信息和增进友谊的目的，都应遵循做客有礼的原则，应注意以下技巧：

（一）去住所拜访

首先应先敲门或按门铃，待有回音或主人前来开门时，方可进入，如开门的人你不认识，应先问：“××× 在家吗？”得到对方准许后方可进门，如果走错了门，应说声“对不起”“不好意思”等表示歉意的语言。当见面后彼此介绍时，拜访者应微笑着向对方握手问好或者点头致意，一般按照长幼有序的常规称呼，不太熟悉的可递上名片或先自我介绍；若带有礼物，则在进门时将其送给主人，待主人请坐后，在指定的地方坐下并应说“谢谢”；与主人交谈时，不要随意插话和打断别人的讲话；要起身双手迎接主人的茶饮，慢慢品尝，并诚挚地道谢；应小口品尝主人呈上的果品。在拜访主人期间不要在屋里来回走动，做出到处窥探的动作；不要乱翻乱动主人家的东西。

（二）去办公室拜访

拜访前要预约，并准时到访。进入办公室前无论门是开或关着都应先敲门，允许后方可进入。如果进门前办公室门是关着的，进去后应轻轻把门关上。如果是初次见面，必须向对方问候包括在场的每一位，并做自我介绍，让对方明白来意。双方寒暄过后，对方让座，然后大方稳重地坐定，尽量不要坐在其他办公人员的位置上，以免影响他人办公。拜访时间应控制在10分钟左右，最多不要超过半小时。在办公室会见，一般不宜携带礼品。

二、来访接待

在日常生活和工作中，经常要接待许多来访者，应热情接待，根据来访者的心态、性格特点、来访的意图，适当地给予解释、答复和处理。

（一）工作接待

工作接待交谈时，接待人员不论是问、答、听、记，都要耐心而谦恭。不能居高临下，随意对来访者加以训斥，或是表现得极为不耐烦。不论来访者态度如何，是啰啰唆唆、喋喋不休、小题大做，还是蛮横要挟、无理取闹、纠缠不休，接待者都要态度冷静，晓之以理，待之以礼，不卑不亢，不急不恼。

特别是接待带着问题和矛盾而来的特殊来访者，更要做到有礼有节。交谈时要准确用词，答复要求时要注意掌握分寸，不可把话讲得太绝对，以免情况发生变化而被动；针对冲动型来访者，应以柔克刚，先让座，倒杯水，让对方冷静下来，然后再进行交谈和答复问题。一定要尽量避免矛盾激化和冲动，更不能拒之门外，不理不睬；面对纠缠类型的来访者，话可以说得随和一点，“哈，老熟人来了”“有什么新观点吗”。然后根据具体情况，明确态度，前后口径要保持一致，不要让对方找到无理纠缠的借口，使自己无法解脱。

（二）家庭接待

有朋自远方来，不亦乐乎。款待好客人，不但是亲情、友情间的礼尚往来，更是人们生活修养、文化素养、性格涵养的综合体现。给客人以无微不至的关心、关照和关怀，既能加深相互间的感情，还能给我们平平淡淡的日子增添许许多多的乐趣。那么，怎样才能迎好客、待好客，使谈话气氛自始至终都融洽和谐呢？根本的一个迎客谈话原则就是根据不同身份的客人和不同的情况选择适合对方的语言。

客人是自己的朋友或同事，客人初次登门，可以说：“××，欢迎你，请进屋。”然后把客人向家庭成员介绍，同时把家庭成员向客人简单地逐一介绍。

父母的客人来访。这时你应亲切地称呼：“伯伯您好”或“阿姨您好”等，并主动请坐、倒茶，然后退出让父母和客人单独谈话。

如果是亲戚或外地家人来访，也要注重礼节，沟通交谈时应询问诸如身体、家庭、生活、工作等方面情况。

如果是陌生的客人，应说一些诸如“您请坐”“有事吗？别忙，慢慢讲”“请问尊姓大名”之类的见面话。交谈时，应以客人为主，使客人能尽快说明来访目的，给客人以宾至如归的感觉，让他感到主人是好客的、懂礼貌的。

客人来访时恰巧自己有事要办，应客客气气地向客人解释：“××，实在对不起您，我有急事要办，您有什么事？”客人走时，应说“欢迎您再来”“我有空一定拜访”。切忌吞吞吐吐、犹犹豫豫，用婉转的语言让客人揣度、猜测，那样会使客人感到没趣，或因此对你产生隔阂。

客人多时，如相互间有不相识的，主人应以热情活泼的语言，提出大家共同关心或感兴趣的问题，使大家在较短的时间内相识相敬，开怀畅叙。

客人走时，应出门相送，可简单嘱咐或回答谈话中提出问题的主要点，使客人加深印象。分手时应说：“您到我家，我非常高兴”“欢迎您再来”等。

三、电话沟通

当今社会，电话交谈已成为人们日常生活和社会交往中经常选用的语言沟通形式。在日常生活中，要正确使用电话，不只是熟练地掌握使用电话的沟通技巧，更重要的是自觉维护自己的“文明电话形象”。

（一）接电话的技巧

电话铃响时应尽快去接，铃声响1~2声，拿起电话先自报家门并问候“某某单位，某某科室，您好！”如果电话铃声响过4声接听时应说：“抱歉，让您久等了。”电话沟通声音要清晰，勿用生硬语言，语调应平和，音量要适中，态度要热情、谦和、诚恳。

接电话时对方的谈话可作必要的重复，内容应简明扼要地记录下来，如时间、地点、联系事宜、需要解决的问题等。电话交谈完毕，应尽量让对方结束对话，若确需自己结束，应解释、致歉。通话完毕，应等对方放下话筒后，再轻轻地放下电话，以示尊重。

（二）打电话的技巧

1. 选择适当时间

一般公务电话最好避开临近下班时间，因为这时打电话，很可能得不到满意答复。公务电话应尽量打到单位，若确需往家里打时，应避开吃饭或睡觉时间。

2. 通报自己的姓名

必要时应询问对方是否方便，在对方方便情况下再开始交谈。电话用语应文明、礼貌，电话内容要简明、扼要。通话时声音清晰。通话完毕应说声“再见”，然后轻轻放下电话。

（三）电话沟通应注意的问题

1. 调整情绪

人们往往以为在电话里交谈，相互看不见，讲起话来可以随便，其实这是错误的理解。假如你情绪不佳，或正在思考一个重要问题时，突然有人来电话，那你一定要在接听电话前稳定一下情绪，调整好心态，而不能把自己的喜怒哀乐有意无意地传递给对方。如果你的不良心态一时难以改善，应告知对方：“我现在有点急事，改日再谈好吗？”这样既可解脱自己，也能取得对方谅解。

2. 及时反馈

对电话沟通的内容要及时应答，使用恰当的用语，如“嗯”“是的”或“有的”“行”或“不行”等，并澄清通话内容，需要转述的内容做好记录。

3. 用语礼貌

电话沟通时要注意称呼恰当，尊重对方，用语礼貌。

4. 用语简洁

正常情况下，采用“通话三分钟”原则，啰唆容易忽略通话内容的重点，占用他人过多的时间是不礼貌的。可使用简单、直接的语言，如“是的”“好的”“谢谢您”等。字要咬清，如辨清“黄”和“王”“董”和“总”等发音相近的字。

5. 恳请重述

当对方讲话听不清楚时，进行反问并不失礼，但必须方法得当。如果惊奇地反问："咦？"或怀疑地回答："哦？"对方定会觉得无端地招人怀疑、不被信任，从而非常愤怒，连带对你的印象不佳。但如果客客气气地恳请："对不起，刚才没有听清楚，请再说一遍好吗？"对方定会耐心地重复一遍，丝毫不会责怪。

6. 注意语速、语调

讲话速度应视对方情况灵活掌握。说话时，适当提高声调显得富有朝气、明快清脆。

能力提升

【活动 6.1】 上门推销

活动要求：

请梳理出案例中金先生沟通的问题出在哪？并指出正确的沟通语言和行为。

活动内容：

某照明器材厂的业务员金先生按原计划，手拿企业新设计的照明器样品，兴冲冲地登上六楼，脸上的汗珠来不及擦一下，便直接走进了业务部张经理的办公室，正在处理业务的张经理被吓了一跳。"对不起，这是我们企业设计的新产品，请您过目。"金先生说，张经理停下手中的工作，接过金先生递过的照明器，随口赞道："好漂亮呀！"并请金先生坐下，倒上一杯茶递给他，然后拿起照明器仔细研究起来。

金先生看到张经理对新产品如此感兴趣，如释重负，便往沙发上一靠，跷起二郎腿，一边吸烟一边悠闲地环视着张经理的办公室。当张经理问他电源开关为什么装在这个位置时，金先生习惯性地用手搔了搔头皮。好多年了，别人一问他问题，他就会不自觉地用手去搔头皮。虽然金先生作了较详尽的解释，张经理还是有点半信半疑。

谈到价格时，张经理强调："这个价格比我们预算的高出很多，能否再降低一些。"金先生回答："我们经理说了，这是最低价格，一分也不能再降了。"张经理沉默了半天没有开口。

金先生却有点沉不住气。不由自主地拉松领带，眼睛盯着张经理，张经理皱了皱眉："这种照明器的性能先进在什么地方？"金先生又搔了搔头皮，反反复复地说："造型新，寿命长，节电。"张经理托词离开了办公室，只剩下金先生一个人。

金先生等了一会儿，感到无聊，便非常随便地抄起办公桌上的电话，同一个朋友闲谈起来。这时，门被推开，进来的却不是张经理，而是办公室秘书……

活动流程：

1. 阅读案例并填表。

2. 学生在组内交流填表内容，并进行修改。

3. 教师指名在实物展台上展示学生作业，并进行点评。

序　号	金先生沟通中语言和行为中的问题	正确的沟通语言和行为
1		
2		
3		
4		
5		
6		
7		

【活动 6.2】 来访接待

活动内容：

赵灵是人力资源部李部长的秘书，每天上班后一到两个小时之间是她最忙的时候，电话不断，客人络绎不绝。一天，有一位与李部长预约好的客人提前 20 分钟到达，但李部长正在接待一位重要的客人，赵灵转告客人说："李部长正在接待一位重要的客人，请您等一下，请坐。"正说着电话又响了，赵灵匆匆用手指了一下椅子示意客人坐下，然后赶快接电话。此时客人面有不悦。她的同事小周赶紧过来为客人送上一杯水，有礼貌地请对方稍等一会儿，并与客人闲聊了几句，缓解了客人的情绪。

活动流程：

1. 阅读案例并思考：（1）客户为什么会对秘书赵灵产生不悦？后来是如何消除的？（2）请你从与客户保持关系的角度分析赵灵的失误和补救方法。

2. 在小组内交流自己的看法。

3. 小组内模拟练习正确的接待沟通。

4. 教师小结。

【活动 6.3】 小王值班

活动内容：

病区值班护士小王正与实习护士交谈，电话铃响了。

她不想中断自己的谈话，等铃响多次后才拿起电话。

小王："喂，你找谁？"

对方："我是急诊科李大夫，是消化内科吗？怎么你们这么长时间没接电话呀？"

小王："我们忙着呢。"

对方："马上给你们科送一位女病人，35 岁……"

小王："知道了！"放下电话。

活动流程：

1. 在4人小组中讨论案例中小王在接打电话的过程中有哪些不妥之处？

2. 将小组的讨论结果记下来，推荐一人在全班汇报。

3. 教师点评。

4. 教师布置：假如你是当班护士，在接电话和打电话时应注意什么？

5. 教师指名回答。

【活动 6.4】　突发事件怎么办

活动要求：

电话沟通活动中你曾遇到过什么样的突发事件？你是如何应对的？有何改进的心得？填写在下表中。

活动内容：

突发事件	以前如何应对	改进计划
1. 听不清对方的话语		
2. 接到打错了的电话		
3. 遇到自己不知道的事		
4. 接到领导、亲友的电话		
5. 接到顾客的索赔电话		
补充：		

【活动 6.5】　模拟值班

活动要求：

请先在表中写出正确的电话沟通语言并练习。

活动内容：

不当的电话沟通语言	正确的电话沟通语言
你找谁？	
有什么事？	
你是谁？	
不知道！	
没这个人！	
你等一下，我接个电话！	
你说什么？	
不对！	

活动流程：

1. 在表中尝试写出正确的电话沟通语言。
2. 教师指名展示。
3. 师生共同讨论、修正，写出正确的电话沟通语言。
4. 组内模拟练习：练习正确的电话沟通语言，组内其他成员评价。

点睛之语

有利于人际沟通的20个提示：①微笑待人；②学会换位思考；③学会适应环境；④学会大方处事；⑤保持气质纯朴；⑥学会低调；⑦称呼要到位；⑧有礼貌；⑨言多必失；⑩学会感恩；⑪遵守时间；⑫信守诺言；⑬学会忍耐；⑭有一颗平常心；⑮学会赞扬别人；⑯背后说别人好话；⑰待上以敬，待下以宽；⑱经常检查自己的不足；⑲尊敬不喜欢你的人；⑳不轻易许诺。

第二节　求职面试中的沟通

学习目标

1. 了解求职面试沟通的含义。
2. 能掌握面试沟通的原则、自我介绍的技巧、面试沟通的技巧。
3. 养成自信、诚实的品格和随机应变的思维习惯。

感知体验

旅游专业的小郑去一家知名酒店面试。当她走进面试场地时，发现居然是总经理亲自来面试，不由得紧张起来。考官的第一个问题就把她"呛"住了。

"我们招的是专科以上学历的学生，你只是中等职业学校毕业，怎么来应聘这个岗位？"

她支支吾吾地回答："我觉得你们酒店挺好的，也适合我的专业。"

"我们酒店好在哪里？这里工作压力很大，每到节假日都要加班，你能适应吗？"

几个问题下来，小郑已经有点迷糊了。

第一次应聘时，许多同学会因为经验不足出现问题，导致应聘失败。你知道小郑面试失败的原因吗？

知识积累

在求职面试中，招聘者虽然能从应聘者的简历中了解一些基本情况，但仅凭简历，一般是不能做聘用决定的。现在的企业都大力提倡以人为本，人才的选拔也越来越讲究科学的方法和公平的原则。企业希望通过公开、公平、公正的选拔方式，选拔年轻有为或者经验丰富的人才。而面试作为招聘最后一道决定录用与否的程序，已经是不可或缺的了。而如何顺利通过面试成功获取职位也成了学生普遍关心的话题。

一、求职面试沟通的含义

求职面试沟通是指在招聘方精心设计的特定场景下，通过与主考官面对面交谈沟通，以获得应聘岗位的交谈方式。

求职面试沟通不同于一般的交谈，不是在自然场景下进行，而是在特定场景下进行的。面试官通过观察和谈话来评价应聘者；应聘者也可以通过面试官的言行来对其价值评判标准、态度偏好、对自己表现的满意度等来调节自己的行为表现，也可同时了解应聘单位、职位的情况，从而决定是否接受这一工作。

二、求职面试沟通的原则

（一）自信原则

要以平等自信的心态对待面试官，避免紧张情绪，这样容易营造融洽和谐的氛围，有助于更好地展示自己。

（二）实事求是原则

在证明自己确实有能力胜任所应聘的工作职位时，应聘者可以介绍曾做过的项目或参与过的活动来证明自己具备某种能力。前提必须以事实为基础，因为诚信不光是求职的一个关键条件，也是做人的根本。

（三）两分钟秀出自己原则

一位公共关系学的教授曾这样说过：“每个人都要向孔雀学习，两分钟就让整个世界记住自己的美。”面试沟通的过程，最重要的就是通过语言等手段展示自我。

（四）思考 5 秒钟原则

当面试官问及一个重要问题，应聘者在回答之前作适当停顿，一般时长5秒钟，留出一段思考的时间。如果你在回答的时候不假思索且倒背如流，面试官也许会对你所说内容的真实性打问号。

（五）礼貌原则

礼貌的用语、积极的眼睛接触、自然大方的笑容、倾听的姿态、较小的人际距离等，都有利于面试评价。

三、面试中的自我介绍

（一）自我介绍的内容

自我介绍通常包括问候，个人基础信息介绍——姓名、年龄、籍贯、学历、专业背景等（应注意对照职位需求），个人优势阐述——性格优点、突出技能等（应突出自己能为工作带来的帮助和贡献），以及最后的致谢。

（二）自我介绍的技巧

（1）注意内容：应以岗位要求为导向，切中要害，多谈一些跟你所应聘职位有关的经历和所取得的成绩以证明自己的能力。

（2）注意礼貌及态度：应显示自己稳重的个性、充分的信心和积极诚恳的工作态度。

（3）注意开场白：开场要设法抓住面试官的注意力。

（4）注意“三突出”：突出优点（注意可信度），突出个性，突出重点。

（5）注意时间：一般为 1~3 分钟。

（6）注意表达：表述方式尽量口语化，语速适中、神态大方、举止得体，同时要条理清晰，层次分明。

各位考官，大家好！很荣幸能参加公司的这次面试。我叫王小雨。我是一个性格稳重、做事有耐心的人，具有踏实勤恳、吃苦耐劳、积极向上的心态。通过会计专业的学习，培养了我细心、严谨的学习和生活态度。在校与老师和同学关系良好，富有团队合作精神，有较强的逻辑思维能力和极强的责任心，正是由于这种性格因素，我非常喜欢会计工作。

实践方面，在财务软件练习课上，我们对客户资料输入修改、业务处理、凭证填制，以及报表的制作输出都做了大量练习。通过会计账务流程模拟实践，了解了从收集原始凭证、填制记账凭证、登记账簿、结账，到制作报表的全过程。

通过专业学习我更加坚定地选择了会计这个行业，我觉得我很适合这份工作，并希望在会计职业生涯中能有所成就！

我目前正在考注册会计师，希望会计专业知识更加扎实。我想努力发展成为一名合格的会计人员。我希望找到一份财务工作，能够学有所用，提高会计业务能力，为公司贡献一份力量。我对财务工作极度的热情和持之以恒的精神使我有信心一定能做好会计工作。

谢谢！

四、面试沟通技巧

（一）有问必答

不管是什么问题，都要作出回答。考官的问题，有的虽然刁钻，但可能是测试你的应变技巧、反应能力。

（二）引石攻玉

有些问题如果硬要回答会漏洞百出。比如，考官问你：“如果把这个职位交给你，你有什么样的工作计划？”如果你没有这方面的经验，就回答：“我只有在接手这个职位后，才能根据实际情况制订相应的工作计划。”这样会给考官留下你不想空谈、比较注重实际的稳重型人才的印象。

（三）不避实就虚

有些专业性很强的问题，如果又确实不懂，就坦率承认。千万别说“我想想”，这只会给考官留下不懂装懂的印象。有时考官出这一类的问题纯粹是想验证你是否诚实，如果你坦率承认自己不懂，就正好通过了考官对你在这方面的测评。

（四）旁敲侧击

有些问题要想正面回答等于是否定自己，因此要设法将可能否定自己的话，转化成肯定自己的话。例如，考官问你是否曾在食品厂工作过，然而你却只在酒厂工作过。如果你据实回答这个问题，答案只能是“没有”。你可以这样说：“没在食品厂工作过。但我在酒厂工作多年，我认为酒厂与食品厂在某些工艺上有相似之处，而且企业管理应该是相通的。”这等于变否定为肯定的回答。

（五）大题小做

考官有时会问一些“很大”的题目，比如问“说说你自己”。这时你必须“小”说。“小”在与应聘岗位相关的知识、技能、经验方面即可。

知识拓展

面试技巧参考：视频《求职面试技巧》《小组面试技巧讲解》

《求职面试技巧》

《小组面试技巧讲解》

能力提升

【活动 6.6】　毛遂自荐

活动要求：

在班上开展“1~3 分钟求职面试自我介绍竞赛”。并在小组开展自评和互评。

活动准备：

每人用 15 分钟时间，结合自己的专业，准备 1~3 分钟的求职面试的自我介绍。

活动流程：

1. 全班按照每4人一小组，进行分组。

2. 老师讲要求：每人用15分钟时间，结合自己的专业，准备1~3分钟的求职面试的自我介绍。

3. 在小组内依次做自我介绍。

4. 依据评分参考标准，进行自评和互评。

5. 每组评出1名优胜者。

评分参考标准

一、内容方面，50分	二、表达方面，50分
1. 开场白新颖，5分； 2. 基本信息完整，10分； 3. 优点突出可信，15分； 4. 时间控制好，5分； 5. 与职位相契合，10分； 6. 礼貌用语，5分。	1. 神态自然，10分； 2. 体态端庄，10分； 3. 眼神交流，10分； 4. 语速适中，10分； 5. 条理清晰，10分。

自评和互评表

参与学生	学生1	学生2	学生3	学生4	合计
学生1					
学生2					
学生3					
学生4					

【活动6.7】 自我推销

活动要求：

请根据以下面试情景，实事求是地进行自我宣传。

活动内容：

实事求是与自我宣传是否矛盾？假如你成绩并不突出，而主考官询问："你认为自己学习期间的成绩优秀吗？"你如何在实事求是的基础上自我宣传？你的回答是：________________________________

____

【活动 6.8】　请你来帮忙

活动要求：

阅读下列案例，请帮小李指出应聘失败的原因：________________

____

活动内容：

烹饪专业的小李同学收到 × 知名宾馆发来的面试通知，心里既高兴又紧张。应聘过程中，考官对他的素质很满意。最后，考官对他说："根据你的性格特点，我们想把你安排在西餐制作室，可能跟你在学校学的中餐制作有所不同。但是我们认为经过一段时间的学习之后，你一定能够胜任。"性格内向的小李拿不定主意，小声说："要不，我回去和我爸爸妈妈商量一下？"

主考官愣住了，微笑着说："好吧。"

【活动 6.9】　菁菁校园招聘会

活动要求：

结合自己所学的专业，分组模拟招聘会求职面试。

活动内容：

1. 请你自我介绍一下；

2. 谈谈你的学习和专业技能的掌握情况；

3. 谈谈你的缺点；

4. 你为什么选择我们公司（单位）；

5. 你是应届毕业生，缺乏实践经验，如何才能胜任这项工作?

活动流程:

1. 全班按每 4~6 人为一组进行分组，每组推荐 1 人模拟考官，其余同学模拟应聘者。

2. 考官依次提出 5 个问题（第 5 个问题可以更换为其他问题），应聘者回答。

3. 招聘会模拟结束后，依据每位同学的综合表现情况在组内开展相互评分（采用百分制）。

参与学生	学生 1	学生 2	学生 3	学生 4	学生 5	学生 6	合计得分
学生 1							
学生 2							
学生 3							
学生 4							
学生 5							
学生 6							

4. 每位同学总结自己在应聘交谈方面的得失。

【活动 6.10】 榜样分析

活动要求:

请根据以下应聘对话的示范案例，分析应聘人小胡的表现：提问是否恰当？回答是否实事求是？是否简洁明了？对对方提出的一些颇具挑战性的问题，小胡的回答是否得体？这反映了小胡应聘时是否认真倾听？反映出小胡平时是个怎样的人？“您”“贵公司”“谢谢”等词语，体现小胡个人素养怎样?

活动内容:

小胡：先生，您好！我是来应聘的。

考官：你好，欢迎你来我公司应聘。请坐，请自我介绍一下。

小胡：谢谢。我叫胡 ×，今年 20 岁，今年 7 月从区职业教育中心机电技术应用专业毕业，想应聘贵公司的 ×× 工作岗位。

考官：我们市机电行业的企业很多，你为什么来我们公司应聘呢？

小胡：今年年初，在考虑毕业出路时，我就关注我们市里的一些机电企业。一次偶然的机会，我从报纸上看到介绍贵公司的文章。贵公司重视培养技能型人才，给员工的发展提供平台，贵公司出现了一批在市里很有影响的蓝领精英，这件事给我的印象很深。

考官：你对你的职业发展有什么样的目标？

小胡：我希望通过自己的努力不断磨炼自己，成为技术能手和企业里的蓝领精英。

考官：你的志向远大。谈谈你在校期间的学习情况吧。

小胡：在校学习期间，除了学习文化基础课以外，主要学习机电专业的专业知识，进行了专业技能的训练。

考官：我公司希望招聘懂技术、会操作的员工，请说说你这方面的情况。

小胡：在校学习期间，我校重视培养我们的动手操作能力，我以优异的成绩通过了数控车中级工和电工中级工的考核，获得了中级工技能等级证书。

顶岗实习一年期间，主要锻炼自己的动手能力。我代表学校参加了省里组织的技能竞赛，获得了数控车床操作的二等奖。

考官：请介绍一下你在校学习期间其他方面的情况。

小胡：在校期间，我担任校学生会主席的职务，负责组织开展学生会举办的各项活动。如校园文化艺术节、校园体育节等，具备了一定的组织能力和策划能力。我还组织我校学生开展专题社会调查活动，积累了一定的社会工作经验。

考官：担任校学生会主席的经历，对你今后的工作有帮助吗？

小胡：我觉得是有帮助的。担任学生会主席期间，我组织开展了许多活动，我的组织、沟通和协调的能力，以及团队合作意识，都得到了锻炼，也积累了一些经验。这些都是我走上工作岗位后宝贵的财富。

考官：在校学习期间，你有什么爱好?

小胡：我兴趣比较广泛，爱好也比较多，最喜欢踢足球。我是校足球队队员，我校足球队参加市里组织的足球比赛，还获得了第三名。

考官：参加工作以后，你还会继续学习吗?

小胡：会的。工作中肯定会遇到许多在学校没有学到的加识；机电行业不断发展，知识也在不断更新，应该要不断学习，终身学习。

考官：参加工作以后的业余时间，你会如何利用?

小胡：我会利用业余时间学习，参加一些活动。当然，我也会利用业余时间放松放松自己，与同学、亲友聚会，外出旅游。

考官：对应聘的这份工作，你有信心吗?

小胡：我具备贵公司要求的技能方面的条件，也具备一定的组织协调能力，对工作充满热情，有进取心，不怕吃苦。我相信自己能胜任这份工作。

考官：谈一谈你在工资和福利待遇方面的要求。

小胡：如被贵公司录用，将非常感谢贵公司给我提供的工作机会，我将尽心尽力地工作，为公司的发展做出贡献。至于工资和福利待遇，本人没有特别的要求，贵公司按规定就可以了。

考官：你还有什么要求和希望?

小胡：我非常希望能成为贵公司的一员。

考官：谢谢你的介绍，请留下你相关的材料，能否录用，我们会尽快通知你。

小胡：谢谢您!

考官：不用谢，再见。

小胡：再见。希望能听到贵公司给我的好消息。

活动流程：

1. 学生自己阅读案例。

2. 分小组讨论小胡的表现。

3. 小组推荐代表分析小胡的表现。

4. 教师对大家的发言进行总结。

【活动 6.11】　能说会道

活动要求：

观看视频，说说主人公面试成功的原因以及面试对话中哪些方面表现得好？

活动内容：

视频案例《机遇偏爱有准备的人》。

《机遇偏爱有准备的人》面试案例视频

点睛之语

做自我介绍时，语气语调要自然，不要用背诵朗读的口吻。面试沟通要有恳切之情，不可有恳求之语。用语要得体，要尊重对方，要用敬辞；用语还要委婉，切忌生硬，不要绝对化。要揣摩对方的意图，随机应变做出回答，让对方满意。

第三节　职场中的有效沟通

学习目标

1. 了解沟通的重要性，理解沟通的原则。

2. 能运用沟通技巧模拟与企业领导、企业同事和企业客户进行有效沟通。

3. 养成积极、主动、热情沟通和及时反馈的良好习惯。

感知体验

在被称为日本“经营之圣”的松下幸之助的管理实践中，倾听和沟通占有很大的比重。他经常询问下属：“说说看，你对这件事是怎么考虑的？”他还经常到工厂去，一是看看有没有什么问题，二是听听工人们的意见和建议。

通用电气前 CEO 杰克·韦尔奇也非常重视与下属的沟通，他经常亲自给员工留便条和打电话通知有关事宜。该公司的一位经理曾这样描述韦尔奇：“他会追着你满屋子团团转，不断地和你争论，反对你的想法。而你也必须不断地反击，直到说服他同意你的思路为止——这时，他可以确信这件事你一定能成功。”

看来，成功的职业人都很重视沟通，而这恰恰也是他们事业成功的秘诀之一。

要在职场中如鱼得水，就必须重视沟通、讲究沟通技巧。

知识积累

有效沟通是指在恰当的时机和适宜的场合，用得体的方式传递信息、表达思想和感情，能被别人正确地理解并达成共识的过程。

一、有效沟通的三原则

（一）做好情绪管理

我们在工作中，要跟同事、领导沟通事情，应先做试探，看看他的心情，再选择沟通的时机。跟我们的服务对象沟通也是如此，如处理客户投诉，要先缓解情绪，再寻找解决问题的方法。

所以，有效沟通的第一原则是做好情绪管理——先改变心情，再解决事情。

（二）换位思考

生活中我们经常会听到这样的抱怨，说别人不理解自己，难以沟通。自己表达的意思与对方的理解总是南辕北辙。在充分传达语意的基础上，还是会出现沟通不顺畅，误会的情况也时有发生，这是什么原因造成的呢？因为我们每个人的生长环境不同、所处的立场不同，对别人的心情难以感同身受。所以，我们应进行换位思考，以一颗宽容的心去了解、关心他人。

（三）双赢原则

遵循双赢原则，就会使人际沟通更加顺畅并在施予他人利益的同时，自己也得到利益的回报。

二、与领导的沟通

（一）要了解上司对自己工作的要求

企业必须建立良好的沟通机制，建立有布置、有反馈的工作习惯。在工作中常常出现领导期望员工关注的部分，但员工没有意识到它的重要性;员工很关注的部分，而领导却并不认为是非常重要的部分。所以，工作中要学会换位思考，要了解上司对自己工作的要求。

在工作中，不能只做你听到的事，要学会领会领导没有正面说出来的东西。

（二）要养成及时反馈的习惯

一个团队要共同完成一项任务，员工之间要达成有效的合作，就要尽可能减少沟通“漏斗”（见图 6–1），以达到更好的相互理解，才能更出色地完成工作。所以，在日常工作中，要减少信息流失，养成及时沟通、及时反馈工作进程的习惯，使团队配合更加默契，工作流程更加顺畅。

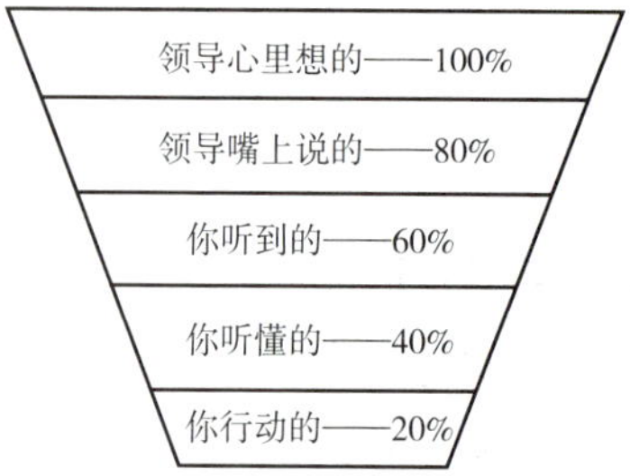

图 6-1　沟通漏斗图

（三）如何向领导请示汇报

1. 汇报工作的表达习惯

我们在表达事务的过程中经常会犯这样的毛病，即把所有的信息不分主次、不分重点、一股脑地全部传递给对方，可结果却是对方根本抓不到你想说的重点。

采用金字塔表达法就能解决这样的问题。所谓金字塔表达法，就是在表述时先说结论，分类阐释；先说主要观点，再说次要观点；先说重点，再说补充内容，层层递进。

2. 向领导请示汇报的程序

（1）仔细聆听领导的命令。听完后复述命令的时间、地点、做什么工作、执行者、怎样做等信息，及时确认。

（2）与领导探讨目标的可行性。如果完成目标有困难，要及时申请协调和解决。

（3）拟订详细的工作计划。

（4）在工作进行中随时向领导汇报。

（5）在工作完成后及时总结汇报。

三、与同事间的沟通

1. 主动

在职场上，那些一味等着领导和同事主动找你沟通的人，往往会成为职场沟通的失败者，所以职场人一定要争取主动沟通。比如，你有一个方案要提议，要事先就想清楚，我的方案会遇到哪些障碍，应该找相关人员提前沟通。

2. 双赢

要与平行部门的同事沟通，千万不要只立足于自身利益寻求配合，而应该寻找双方的共同利益点，实现双赢。

3. 合作

在组织中要想获得配合与支持，必须学会合作，学会采用合作的语言模式，也就是避免冲突的表达方式。如："你说得很有道理""我理解你的心情""我认同你的观点"等。

4. 关心

日常工作生活中要主动关心、帮助同事，建立良性的内部关系。

5. 谦虚

在企业里，凡是比你先入职的人，都是你的前辈，一个人只有学会了谦虚，在需要帮助的时候才会容易得到别人的支持。

6. 体谅

要多体谅别人，从对方的角度去想，体会到对方的困难，再去考虑解决问题的方案，才能真正解决工作中的问题。

四、与客户的沟通

沟通创造需求。客户的想法、意见、需求和企业的服务理念、服务特色等的传递都离不开沟通。

（一）服务意识专业化

1. 做服务的有心人

要认识到工作不是能力问题而是态度问题，必须考虑满足 6 种基本的客户需要，友好、理解和体谅、公平、支配力、选择权与抉择、信息。

2. 重服务细节

服务无小事，细节是大事。没有谁比顾客更会关注你的服务细节。

3. 专业的人做专业的事

专业的服务技能体现在规范的服务流程和服务用语上。我们应该在每一个服务流程上都体现出我们对客户的关注和尊重，让客户有宾至如归的感觉，体现出我们服务的专业素养。

（二）服务用语规范化

规范化的服务用语是服务非常重要的一个方面，因为它代表着企业的文化、员工的素质以及对外的整体形象，直接影响客户对企业的评价。

在保持一个积极的态度沟通时，应当尽量选择如下体现正面意思的语言：

习惯用语：很抱歉，让您久等了。（强化了对方对“久等”这个感觉。）

正向表达：非常感谢您的耐心等待。

习惯用语：这不比上次那个问题差。

正向表达：这次比上次的情况好。

习惯用语：你的问题确实严重。

正向表达：这种情况有点不同寻常。

在为客户提供服务或进行沟通时，表达中应当尽量用“我”代替“你”，如下所示。

习惯用语：你的名字叫什么？

正向表达：请问，我可以知道您的名字吗？

习惯用语：如果你需要我的帮助，你必须……

正向表达：我愿意帮助您，但首先我需要……

在与客户沟通时，还要注意应在客户面前维护本企业的形象。如：

有客户抱怨他在另一个部门受到不好的待遇，为了表示对客户的理解，正向的表达是：“我完全理解您的苦衷。”而不应该说：“你说得不错，这个部门表现很差劲。”

如果客户的要求是公司政策不允许的。与其直说“这是公司的政策”，不如这样表达：“根据多数人的情况，我们公司目前是这样规定的。”

如果客户找错了人，不要说：“对不起，这事我不管。”而应换一种方式：“我们有专人负责，我帮您转过去。”

（三）与客户沟通的技巧

1. 接待客户的沟通技巧

（1）职业化

客服人员在拜访或迎接客户的时候一定要呈现出职业化的第一印象。一个良好的服务人员形象应该是全方位的，从衣着、发式、面部表情、饰物、手足甚至语气都要注意。

（2）态度要热情

客服人员的接待态度非常重要，它决定着客户对整个服务的评价。客服人员必须把热情的服务态度通过微笑表现出来。

（3）关注客户的需求

关注客户的需求就是要关注客户的情感、信息和环境需求。优质的服务不仅要表现在微笑方面，还要表现在具体的行动上。比如，天刚下完雨，一位客人到餐厅来用餐，服务生赶紧迎过去，对客户说：“来，我带您把雨伞放好。”看到一位老人进来，服务生又赶紧迎过去搀扶：“来，您坐这边。”这些都是客服人员关注客户需求的例子。

（4）以客户为中心

以客户为中心，时刻围绕着客户，这是对客服人员的基本要求。

2. 处理客户投诉的流程和技巧

（1）道歉

如果在处理投诉的时候，你能够一开始就真诚地道歉，那么，客户的心理需求就能得到相对的满足。

（2）倾听

尽可能使用一些开放式的问题让客户多说话、发泄情绪，然后才能了解问题的实质。必要时应立即澄清疑点，但不要提出带有判断性的问题，避免用不信任的语气质问投诉人，如：“你肯定事情确实是这样吗？”“……恐怕不是你要投诉的根本原因”等。

（3）尊重

不要指望扭转客户的立场，相反，要用同理的语言来稳定客户的情绪，如：“如果是我，我也会发火的。”

（4）积极解决问题

仅仅道歉是远远不够的，能真正让客户平息愤怒、化解冲突的，是马上帮他解决问题。因此，“对不起，是我们的过失”之后，一句“您看我们能为您做些什么”更实在。

世界一流的销售训练师汤姆·霍普金斯说过：“顾客的投诉是登上销售成功的阶梯，它是销售流程中很重要的一部分，而你的回应方式也将决定销售结果的成败。”所以，有效地处理客户投诉的沟通技巧是非常重要的。

能力提升

【活动 6.12】 对照诊断

活动要求：

自我评价“做事”和“沟通”二者之间你属于哪种？

活动内容：

对于领导布置的工作，员工的反应一般有以下几种：一是听了不做；二是听了就做，做了不说；三是听了就做，做完及时沟通反馈。

请问你认为自己属于哪一类型的员工？你认为正确的做法应该是

哪一种？

____

【活动 6.13】　正向表达

活动要求：

请把下列句子转换成积极正向的表达方式并口头练习。

活动内容：

1. 问题是那个产品都卖完了。________________________

2. 我不想给您错误的建议。________________________

3. 你没必要担心这次修后又坏。________________________

【活动 6.14】　“我”代替“你”

活动要求：

在为客户提供服务或进行沟通时，请将表达中的“我”代替“你”，并口头练习。

活动内容：

1. 你的操作不正确……____________________________

2. 你当然会收到，但你必须把名字和地址给我。

____

3. 你没有弄明白，这次听好了。________________________

【活动 6.15】　今天我当班

活动要求：

如果让你来处理以下客户的投诉，你将如何与客户沟通？

活动内容：

客户：“你们的产品质量太差了，你让我怎么使用呢？”

我的沟通语：__________________________________

客户："你们做事的效率太差了！"

我的沟通语：________________________________

客户："你的电话都没人接。叫我怎么相信你？"

我的沟通语：________________________________

活动准备：

面对客户的投诉，先想想怎样回答，再把沟通的话写在横线上。

活动流程：

1. 全班按2人一组进行分组。

2. 同组的两位同学，一人扮演客户，一人扮演当班接待员，模拟以上3个对话。然后交换角色模拟。

【活动6.16】 催材料

活动要求：

阅读案例，根据活动流程完成任务。

活动内容：

财务部李经理从老总那里拿了一份材料。这天，老总急着要那份材料，便让秘书小张去财务部取回来。

在电梯口小张正好碰到有急事要外出办事的财务部李经理。他听小张说要材料，立即说回来后马上给他送过去。

面对这种情况，秘书小张应该如何处理？

以下是小张可能的几种选择。

1. 严肃地对李经理说："是老总让我来取的，你可不要不当回事呀！"

2. 问李经理大概什么时候能回来，回来后能不能马上把文件送过来。李经理说一个小时之内回来，回来后一定将材料送过来。于是秘书回办公室向老总报告。

3. 听完财务部经理解释后，秘书说："你可千万别说话不算数呀！"

4. 秘书带着恳求的口气说："李经理，我求你回办公室给取一下吧，不然我没办法向老总交代！"

5. 秘书爽快地说："行，回来后就马上给我电话！"

活动流程：

1. 先在 6 人小组里进行讨论：对于小张以上几种选择，你认为哪种选择比较合适？请说明理由。

2. 对其他几种选择进行评析。

3. 小组里推荐 2 人，分别模拟沟通。

【活动 6.17】　问题我解决

活动要求：

在下面的场景里，你作为接待员，会如何答复客户的质疑？

活动内容：

1. 客户："我已经排了 20 分钟的队，你们究竟是在做什么，怎么办一点事需要那么长时间？"

2. 客户："你们又把我的账单搞错了，根据我们记录，我应付 62 元，而你给我的清单是 162 元，你们做事情难道不能做得仔细一些吗？"

3. 客户："你们的服务太差劲了，你答应在三个星期之前就给我送货，可是至今没有任何回音。我要你们今天就给我送！"

活动流程：

1. 全班按照 6~8 人为一小组进行分组。

2. 小组讨论，针对每一题，应该怎样与客户沟通。

3. 每小组推荐两名代表，模拟对话，在全班展示。

4. 师生点评，最后教师总结。

点睛之语

沟通可以让我们增进个体与社会的联系，形成一条牢固的情感纽带，也可以让我们通过与他人的信息交流，促进相互间的合作。沟通能力已经成为21世纪人才的重要素质之一。因此，沟通能力的后续训练是我们职业院校学生的长久任务。

主要参考文献

[1] 彭永昭．普通话训练与测试教程［M］．重庆：重庆大学出版社，2019.

[2] 迈克尔·奥斯本，苏珊·奥斯本，兰德尔·奥斯本．发现你的声音［M］．王怡，罗兰，译．重庆：重庆大学出版社，2017.

[3] 周劼．口语表达能力训练［M］．重庆：重庆大学出版社，2010.

[4] 张卉妍．精准表达［M］．长春：吉林文史出版社，2018.

[5] 刘艳．说话的艺术［M］．武汉：华中科技大学出版社，2016.

[6] 宋犀堃．回话的技术：会说话，更要会回话［M］．成都：成都地图出版社，2018.

[7] 赵林森．教师口语［M］．开封：河南大学出版社，2004.

[8] 李晓华．普通话口语教程［M］．开封：河南大学出版社，1996.

[9] 王宇红．朗读技巧［M］．北京：中国广播电视出版社，2002.

[10] 高格禔．幼儿文学实用教程［M］．北京：高等教育出版社，2006.

[11] 李昕，赵俐．实用口语表达与播音主持［M］.2 版．北京：中国传媒大学出版社，2016.

[12] 杨冠男．朗诵基础训练［M］．哈尔滨：哈尔滨工程大学出版社，2018.

[13] 李祖平，谢增伦．普通话训练与职业口语［M］．北京：北京师范大学出版社，2011.

［14］陈慧娟．口语交际能力训练［M］．上海：华东师范大学出版社，2015.
［15］杨连顺，谢义华．职场人际关系与沟通技巧［M］．天津：天津大学出版社，2012.
［16］张志钢，刘冬梅．人际沟通［M］．北京：人民卫生出版社，2015.
［17］刘凤芹．沟通能力训练［M］．北京：科学出版社，2010.
［18］吕宏程，程淑华．职场沟通实务［M］．北京：北京大学出版社，2012.
［19］董卿．朗读者 1［M］．北京：人民文学出版社，2017.
［20］董卿．朗读者 2［M］．北京：人民文学出版社，2017.